Du bist da 2024

Eine Buchreihe für die Praxis
– herausgegeben in Zusammenarbeit mit dem Württ. Evang. Landesverband für Kindergottesdienst

Druck und Bindearbeiten:
PBtisk a. s., Pribam, Tschechische Republik
ISBN: 978-3-7797-2171-0

27. Jahrgang

Du bist da

Gebete und liturgische Elemente

2024

zum
Plan für den
Kindergottesdienst

Peter Hitzelberger und
Markus Grapke (Hg.)

Verlag
Junge
Gemeinde

Inhalt

Vorwort

„Du bist da“ ergänzt die Zeitschrift „Evangelische Kinderkirche“. Beides richtet sich nach dem „Plan für den Kindergottesdienst“ des Gesamtverbands für Kindergottesdienst in der Evang. Kirche in Deutschland.

Der Plan für die Jahre 2024-2026 lag bei Druck noch nicht endgültig vor. Kleine redaktionelle Abweichungen bei den Themenformulierungen und/ oder Bibelstellen wären dadurch zu erklären.

Das Gebet im Gottesdienst ist als liturgisches Gebet in vorformulierte Worte gefasst. Um authentisch zu sein, sollte die Sprache darüber hinaus auch der bzw. dem Betenden entsprechen. Die vorgeschlagenen Texte sind daher als Angebot und Anregung für eigene Formulierungen gedacht. Sie können und sollen der eigenen religiösen Sprache sowie dem Alter und Verständnis der jeweiligen Kindergruppe angepasst werden.

1. Für die ganze Reihe
Nach dem „Plan für den Kindergottesdienst“ sind mehrere Sonntage thematisch zu einer Reihe zusammengefasst. Deshalb werden beim jeweiligen Thema zunächst liturgische Elemente vorgestellt, die an jedem Sonntag dieser Reihe verwendet werden können (z. B. Psalmgebet oder Segen).

2. Für jeden Sonntag
In der Regel bietet „Du bist da“ für jeden Sonntag den Wochenspruch*, ein Eingangs- und ein Schlussgebet. Die Gebete orientieren sich vor allem an der biblischen Geschichte oder dem Thema des jeweiligen Sonntags.

3. Suchmöglichkeiten
Vor jedem Eingangs- und Schlussgebet wird unter „Thema“ der Inhalt des Gebets kurz zusammengefasst. So kann schnell entschieden werden, ob dieses Gebet zu den gesetzten Schwerpunkten im Gottesdienst passt.

Auf den letzten Seiten finden Sie ein Bibelstellen- und Stichwortregister, ein Lied- und Abkürzungsverzeichnis sowie die Namen der Mitarbeitenden dieses Buches.

Peter Hitzelberger, Markus Grapke

* Der Wochenspruch wird zitiert nach der BasisBibel (BasisBibel. Altes und Neues Testament. © 2021 Deutsche Bibelgesellschaft, Stuttgart).

Herz mit Ohren

Für die ganze Reihe

Votum

Im Namen Gottes des Vaters,
der uns hört, wenn wir mit ihm reden.
Hände an Ohren legen
Im Namen Jesu Christi des Sohnes,
der uns sieht, wenn wir zu ihm kommen.
Hände über Stirn legen
Im Namen des Heiligen Geistes,
der unser Herz mit Liebe füllt.
Hände auf Herz legen
Alle: Amen.

Psalmgebet *(Herzenspsalm, s. unten und Seite 10)*

Themenlied

Gib uns Ohren, die hören (KKH 3, KKL 64, KuS 496, LH 1-25, MKL 2-38)

Segen

Es segne und behüte uns
der allmächtige und barmherzige Gott,
der uns liebhat und uns kennt;
der Vater, der uns hört, wenn wir mit ihm reden,
Hände an Ohren legen
der Sohn, der uns sieht, wenn wir zu ihm kommen,
Hände über Stirn legen
und der Heilige Geist, der unser Herz mit Liebe füllt.
Hände auf Herz legen
Alle: Amen.

Psalmgebet *(ein Herzenspsalm)*

Frei nach dem Lied „Hüpfen, hopsen, springen" (Text und Musik: Bastian Basse, aus: Hoffnung kommt von Hüpfen, Luther-Verlag, Bielefeld); der Kehrvers des Psalms kann auch gesungen werden (die Noten hierfür s. Seite 10).

Manchmal ist mein Herz traurig.
Dann weint es in mir und ich weine mit. *Stille*
Aber dann, dann bete ich zu dir, Gott, und bitte dich:
Mach mein Herz wieder fröhlich!

<u>Kehrvers 1:</u>

Gott, bitte schenk mir ein neues Herz!
Ein Herz, das fröhlich ist und liebt.
Gott, bitte schenk mir ein neues Herz!
Ein Herz, das sagt: „Ich hab' dich lieb!“

Manchmal ist mein Herz ängstlich.
Dann fürchte ich mich und möchte mich verkriechen. *Stille*
Aber dann, dann bete ich zu dir, Gott, und bitte dich:
Mach mein Herz wieder mutig!

<u>Kehrvers 2:</u>

Gott, bitte schenk mir ein neues Herz!
Ein Herz, das mutig ist und liebt. ...

Manchmal ist mein Herz wütend.
Dann ärgere ich mich und will am liebsten laut schreien. *Stille*
Aber dann, dann bete ich zu dir, Gott, und bitte dich:
Mach mein Herz wieder lustig!

<u>Kehrvers 3:</u>

Gott, bitte schenk mir ein neues Herz!
Ein Herz, das lustig ist und liebt. ...

Ehr sei den Vater und dem Sohn und dem Heiligen Geist ...
Alle: Amen.

Noten zum Kehrvers „Herzenspsalm“

Salomo bittet um ein hörendes Herz (1. Könige 3,4–15)

Wochenspruch

Alle, die sich von Gottes Geist führen lassen, sind Kinder Gottes.
(Römer 8,14)

Lied zum Tag

Leben aus der Quelle (KuS 393)
Die Kinder singen den Kehrvers, jemand aus dem Team die Strophen.

Eingangsgebet

Thema: Hörende Herzen

Guter Gott, lieber Vater im Himmel,
so viel Lärm ist in dieser Welt;
so viele Geräusche sind um uns herum.
Da fällt es uns oft schwer, darauf zu hören,
was in unserem Leben wichtig ist
und zu erkennen, was richtig ist und was falsch.
Darum bitten wir dich, Gott:
Hilf uns, dass unsere Herzen Ohren bekommen,
damit sie hören, was du uns sagst,
und wir verstehen, was du von uns und für uns möchtest.
Dafür danken wir dir!
Alle: Amen.

Schlussgebet

Thema: Offene Augen, Ohren und Herzen

Barmherziger Gott,
du siehst uns, wenn wir zu dir kommen,
und du hörst uns, wenn wir zu dir beten.
Dein Herz hast du uns weit geöffnet,
wir haben immer einen festen Platz darin.
Hilf uns, Gott,
dass wir unsere Augen, Ohren und Herzen nicht verschließen,
sondern dass wir aufmerksam sind und achtgeben.
Dass wir sehen und hören, wo wir anderen helfen können.
Und dass wir unsere Herzen öffnen,
denen, die unsere Hilfe brauchen.
Darum bitten wir dich in Jesu Namen!
Alle: Amen.

Salomo fällt eine weise Entscheidung (1. Könige 3,16–28)

Wochenspruch

Aus seinem Reichtum hat er uns beschenkt – mit überreicher Gnade. (Johannes 1,16)

Lied zum Tag

Gott gab uns Atem (EG 432, KKL 68, KuS 518, MKL 1-73)

Eingangsgebet

Thema: Schwere Entscheidungen

Guter Gott, lieber Vater im Himmel,
immer wieder müssen wir uns entscheiden.
Sollen wir dies machen oder das?
Möchten wir lieber dieses oder doch jenes?
So eine Entscheidung ist gar nicht so einfach.
Ja, manchmal ist das sogar ganz schön schwer.
Darum bitten wir dich, Gott:
Hilf uns, kluge Entscheidungen zu treffen.
Hilf, dass wir uns nicht vorschnell entscheiden,
sondern vorher gut überlegen,
damit wir uns hinterher nicht ärgern.
Lass uns dabei nicht allein. Dafür danken wir dir!
Alle: Amen.

Schlussgebet

Thema: Gott ist in allem mit dabei.

Treuer Gott,
wir danken dir, dass du immer bei uns bist,
was auch immer geschieht, wo auch immer wir sind.
Du bist bei uns, wenn wir eine Entscheidung treffen müssen.
Du bist bei uns, wenn wir nicht wissen, was richtig ist oder falsch.
Du bist bei uns, wenn uns der Kopf raucht,
weil wir uns zu viele Gedanken machen.
Hilf uns, Gott, bring Licht in unser Dunkel
und lass uns klar sehen, was richtig ist und gut.
Hilf uns dabei, einen guten Weg zu finden.
Und lass uns nicht allein, wenn wir ihn gehen.
Das bitten wir in Jesu Namen.
Alle: Amen.

Bastian Basse

Wie bist du, Gott?

Für die ganze Reihe

Vorüberlegungen

Kinder machen sich Gedanken darüber, wie Gott ist. Diese Themensonntage laden dazu ein, mit Kindern darüber zu sprechen, wie sie sich Gott vorstellen und ihnen unterschiedliche Bilder aus der Bibel vorzustellen. Die jungen Menschen lernen die Vielfalt Gottes kennen. Wichtig ist, dass die Kinder zu Wort kommen und ihre Bilder und Ideen mitteilen können. Die wichtigste Botschaft könnte aber sein, dass Gott für sie da ist und sie auch Hoffnung in schwierigen Zeiten haben können.

Votum

Im Namen des Vaters, dessen Liebe so hoch ist,
Arme nach oben strecken
im Namen des Sohnes Jesus, dessen Liebe so tief ist,
mit Händen Boden berühren
im Namen des Heiligen Geistes, der so weit ist.
Arme weit zur Seite ausstrecken
Gott ist so wunderbar groß.
mit Händen eine große Kugel beschreiben.
Alle: Amen.

Psalmgebet (nach Psalm 92)

Siehe Seite 14.

Themenlieder zur Reihe

- Gott, du bist groß (KG 145)
- Gottes Liebe ist so wunderbar (KG 146, KKL 72, KuS 484)

Segen

Gott schütze uns wie eine Burg.
Gott schenke uns Hoffnung wie unseren Vorfahren.
Gott segne uns wie ein Vater mit offenen Armen
und schenke uns Frieden.
Alle: Amen.

Psalmgebet

Gott, ich lobe dich.
Es ist so schön, dir zu danken und dich zu loben.
Ich singe den ganzen Tag
und erzähle von deiner Wahrheit und Gnade.
Ich spiele mit der Gitarre,
denn du, Gott, lässt mich fröhlich sein.

Gott, ich lobe dich.
Herr, wie sind deine Werke so groß!
Deine Gedanken sind so tief.
Nur Törichte und Narren glauben das nicht.
Aber du, Gott, bist der Höchste
und bleibst ewiglich.

Gott, ich lobe dich.
Gott, du machst mich stark.
Wer Gott liebt, gleicht einem starken Baum.
Einem Baum, der gepflanzt ist in deiner Nähe und grünt.
Jahr um Jahr blüht der Baum, ist frisch und bringt Früchte.
Gott, du bist mein Fels.

Gott, ich lobe dich.
Ehr sei den Vater und dem Sohn und dem Heiligen Geist ...
Alle: Amen.

So ist Gott für mich! (Psalm 18,2–3)

Wochenspruch

Viele werden kommen aus Ost und West und aus Nord und Süd.
Sie werden im Reich Gottes zu Tisch liegen. (Lukas 13,29)

Eingangsgebet

Thema: Gott du bist vielfältig und bunt.

Gott, du bist bunt:
Gelb wie die Sonne,
rot wie das Herz,
blau wie das Meer,
grün wie die Frühlingswiese,
und auch schwarz. Denn du bist bei uns auch in schweren Zeiten.
Gott, lass uns dich heute in deiner bunten Vielfalt erleben.
Alle: Amen.

Schlussgebet

Thema: Gott ist unsere Burg.

Danke, Gott, dass du mir so farbenfroh nahe bist.
Manchmal habe ich Angst und fühle mich unsicher.
Du bist der Fels, auf dem ich stehe,
und die Burg, in der ich Schutz finde.
Du bist das Schutzschild, hinter dem ich mich verstecken kann.
Gott, hilf mir, auch in schweren Zeiten deine Stärke zu spüren.
Alle: Amen.

Gott bist du da? – Ich verstehe Gott nicht (Psalm 22,2–3)

Wochenspruch

Über dir erstrahlt der Herr, sein herrlicher Glanz scheint auf dich.
(Jesaja 60,2)

Eingangsgebet

Thema: Gott, bist du da?

Gott, wo bist du?
Gott, du hast mich verlassen.
Ich fühle mich allein.
Gott, ich rufe zu dir,
doch du antwortest nicht.
Gott, andere lachen über mich,
und ich fühle mich so klein.
Du aber bist heilig.
Wir singen für dich.
Unsere Vorfahren hofften auf dich,
und du hast ihnen geholfen.
Alle: Amen.

Schlussgebet

Thema: Hoffnung

Gott, manchmal fühle ich mich verlassen.
Gott, manchmal fühle ich mich einsam.
Gott, manchmal lachen andere über mich.
Gott, manchmal fühle ich mich so klein.
Ich bitte dich: Sei nicht fern, hilf mir.
Hilf mir aus diesen schwierigen Zeiten.
Ich möchte dich loben und preisen
und anderen von dir weitererzählen.
Du hast schon so vielen geholfen,
du wirst auch mir helfen.
Darauf will ich vertrauen.
Alle: Amen.

Gott ist wie ein guter Vater (Lukas 15,11–32)

Wochenspruch

Wenn ihr heute seine Stimme hört, dann seid nicht so starrsinnig. (Hebräer 3,15)

Eingangsgebet

Thema: Der Vater empfängt sein Kind.

Guter Vater, schon von weitem sehe ich dich.
Du vergisst mich nicht.
Vater, du wartest auf mich.
Du empfängst mich mit offenen Armen.

Gott, du bist wie ein liebender Vater zu uns.
Dein Herz ist weit für alle Menschen.
Das wollen wir heute im Gottesdienst feiern.
Alle: Amen.

Schlussgebet

Thema: Guter Vater

Gott, manchmal laufe ich fort.
Doch dann erinnere ich mich:
Wie gut ist es zu Hause bei meinem Vater.
Du vergibst mir und kleidest mich neu,
du feierst ein Fest für mich.
Dein Herz ist weit.
Hilf mir, im Alltag an dich zu denken.
Alle: Amen.

Gott ist für mich da (Jesaja 43,1)

Wochenspruch

Wir ziehen jetzt nach Jerusalem. Dort wird alles in Erfüllung gehen, was die Propheten über den Menschensohn geschrieben haben. (Lukas 18,31)

Eingangsgebet

Thema: So vielseitig ist Gott.

Gott, du bist so vielfältig und bunt.
Gott, ich hoffe auf dich auch in schwierigen Zeiten.
Gott, du bist ein guter Vater mit einem weiten Herzen.
Zu dir kann ich immer kommen, deine Tür steht immer offen.
Du bist für mich da.
Mit dir feiern wir jetzt diesen Gottesdienst.
Alle: Amen.

Schlussgebet

Thema: Gott ist für mich da.

Gott, manchmal fühle ich mich fremd,
doch du bist da.
Gott, manchmal fühle ich mich traurig,
doch du bist da.
Gott, manchmal fühle ich mich unfrei,
doch du bist da.
Gott, manchmal fühle ich mich verlassen,
doch du bist da.
Gott, du bist für mich und andere da.
Alle: Amen.

Lutz Wöhrle

Amos und die Frage nach der Gerechtigkeit

Für die ganze Reihe

Votum

Wir feiern unseren Kindergottesdienst im Namen Gottes,
des Vaters, der uns alles schenkt, was wir zum Leben brauchen,
des Sohnes Jesus Christus, der uns alle gleich liebhat,
und des Heiligen Geistes, der uns miteinander verbindet.
Alle: Amen.

Wechselgebet

Eine:r: Warum, Gott?
Warum ist die Welt so ungerecht?
Manche Menschen haben nicht genug zum Überleben.
Andere wissen nicht, wohin mit ihrem Geld.
Alle: Lass uns den Weg der Gerechtigkeit gehen.

Eine:r: Wie, Gott?
Wie kann die Welt gerechter werden?
War sie nicht schon immer so?
Kann sich denn überhaupt etwas ändern?
Alle: Lass uns den Weg der Gerechtigkeit gehen.

Eine:r: Wer, Gott?
Wer kann die Welt gerechter machen?
Wir fühlen uns oft so klein und hilflos.
Wir haben das Gefühl, wir können nichts bewirken.
Alle: Lass uns den Weg der Gerechtigkeit gehen.

Eine:r: Du, Gott!
Du bist unsere Hoffnung.
Du zeigst uns, was richtig oder falsch ist.
Du gibst uns Mut, für Gerechtigkeit einzustehen.
Alle: Lass uns den Weg der Gerechtigkeit gehen.

Eine:r: Wir, Gott!
Wir vertrauen dir und deinem Wunsch nach Gerechtigkeit.
Wir wollen unseren Beitrag leisten, und wenn er noch so klein ist.
Wir – miteinander und verbunden durch deinen Geist.

Eine:r: Ehr' sei dem Vater und dem Sohn und dem Heiligen Geist ...
Alle: Amen.

Themenlieder zur Reihe

- Gut, dass wir einander haben (KuS 294)
- Mein Gott, das muss anders werden (KuS 443)
- Gib uns Ohren, die hören (KKH 3, KKL 64, KuS 496, LH 1-25, MKL 2-38)
- Ich krieg was von dir (KuS 497)
- Brich mit dem Hungrigen dein Brot (EG 420, KuS 498, MKL 1-65)
- Wenn jeder gibt, was er hat (KuS 502)
- Viele kleine Leute (KG 215, KKH 65, KKL 142, KuS 533)
- Lass uns den Weg der Gerechtigkeit gehn (EG WUE 658, Wwdl 173)

Segen

Die Gruppe steht im Kreis.
Es segne dich Gott, der Vater,
der dir geschenkt hat, was du zum Leben brauchst.
Nach oben geöffnete Hände auf Bauchhöhe halten
Es segne dich Gott, der Sohn,
der vorgelebt hat, auf den Nächsten zu achten.
Nebenkind rechts und links anschauen
Es segne dich Gott, der Heilige Geist,
der dich mit allen anderen verbindet.
Nebenkind rechts und links die Hand geben oder auf die Schulter legen
So gehen wir gesegnet den Weg der Gerechtigkeit
und unser Gott geht mit.
Schritte auf der Stelle machen
Alle: Amen.

Ihr seid auf dem falschen Weg (Amos 2)

Wochenspruch

Der Sohn Gottes ist gerade deshalb gekommen, um die Werke des Teufels zu zerstören. (1. Johannes 3,8b)

Eingangsgebet

Thema: Wir bringen mit, was uns bewegt.

Lieber Vater im Himmel,
wir freuen uns, dass wir heute Kindergottesdienst feiern.
Seit wir uns das letzte Mal getroffen haben, ist etwas Zeit vergangen. Wir haben viel erlebt, was uns froh gemacht hat, aber auch traurig, wütend oder nachdenklich. Mit all diesen Erlebnissen kommen wir zu dir und sind willkommen. Jetzt sind wir hier. Und wir sind gespannt, was wir von dir erfahren.
Alle: Amen.

Schlussgebet

Thema: Ungerechtigkeit in der Welt

Gott, so vieles auf der Welt ist ungerecht.
So vieles ist nicht fair aufgeteilt:
Eventuell wurden in einem vorangehenden Gespräch aktuelle Ungerechtigkeiten von den Kindern benannt. Diese können hier spontan eingebracht werden (entweder durch Mitarbeitende oder die Kinder selbst).
Alle: Wir bitten dich: Komm und hilf!

Du hast Amos mutig und stark gemacht.
Mache auch uns mutig und stark, damit wir nicht bequem werden, sondern aufstehen und ein Zeichen setzen.
Alle: Wir bitten dich: Komm und hilf!

Es ist nicht gerecht, dass Kinder verhungern müssen,
obwohl genug für alle da ist.
Alle: Wir bitten dich: Komm und hilf!

Es ist nicht gerecht, dass Länder gegeneinander Krieg führen
und Soldaten andere töten müssen.
Alle: Wir bitten dich: Komm und hilf!

Es ist nicht gerecht, dass die Erde immer wärmer wird,
dass es Dürre, Überschwemmungen und Stürme gibt.
Alle: Wir bitten dich: Komm und hilf!

Mit dem Gebet, das Jesus gebetet hat, beten wir weiter:
Alle: Vater unser im Himmel ...

Sucht mich, so werdet ihr leben (Amos 5,4–7; 9,11–15)

Wochenspruch

Gott beweist seine Liebe zu uns dadurch, dass Christus für uns gestorben ist. Damals waren wir noch Sünder. (Römer 5,8)

Eingangsgebet

Thema: Wir müssen uns bei Gott nicht verstellen.

Lieber Vater im Himmel,
wir freuen uns, dass wir heute Kindergottesdienst feiern.
Mit dir können wir reden. Du verstehst uns.
Bei dir können wir sein wie wir sind.
Wir müssen nicht besonders stark sein,
nicht besonders groß, nicht besonders mutig.
Du kennst uns. Und du hast uns lieb.
Dafür danken wir dir.
Alle: Amen.

Schlussgebet

Thema: Gott begleitet uns auf unserem Weg.

Gerechter und gnädiger Gott,
du hast Amos zu den Menschen geschickt,
um ihnen den richtigen Weg zu zeigen.
Auch wir suchen den richtigen Weg für uns, auf dem du uns begleitest.
Wir bitten dich: Öffne unsere Ohren,
damit wir hören, was du uns zu sagen hast.
Wir bitten dich: Öffne unsere Augen,
damit wir erkennen, wo wir selbst unfair zu anderen sind
und das ändern können.
Wir bitten dich: Öffne unsere Herzen,
damit wir mit den Menschen mitfühlen können,
denen es nicht so gut geht wie uns.
Gott, gib uns Mut, den richtigen Weg zu gehen.
Alle: Gib uns Ohren, die hören *(gesungen; s. Themenlieder zur Reihe)*

Mit dem Gebet, das Jesus gebetet hat, beten wir weiter:
Alle: Vater unser im Himmel ...

Peter Wolff

„Wahrlich, dieser Mensch ist Gottes Sohn gewesen!“

Passion nach Markus

Für die ganze Reihe

Votum

Wir feiern Kindergottesdienst im Namen Gottes.
Wir vertrauen auf Gott, der uns liebhat.
Wir vertrauen auf Jesus Christus, der uns diese Liebe gezeigt hat.
Wir vertrauen auf Gottes guten Geist, der uns verbindet.
Alle: Amen.

Themenlieder zur Reihe

- „Wer ist denn dieser Jesus?“, so fragen alle Leute (KKH 21)

Der Kehrvers kann sich durch die Reihe ziehen bzw. jeweils vor der Erzählung gesungen werden. Nach dem Singen dürfen die Kinder Antworten versuchen: Dann wird erzählt und damit auch Antwort gegeben. (Die Strophen spielen auf andere Episoden an und sind daher nicht hilfreich, bis vielleicht die letzte Strophe.)

- Du bist der Atem der Ewigkeit (MKL 2-24, Wwdl 23)

Dafür bieten die Strophen dieses Liedes mögliche Antworten.

Sprechmotette

Siehe Seite 24.

Segen

Alle stehen im Kreis und legen die rechte Hand auf die Schulter des Nebenkindes. Eine:r spricht vor, alle wiederholen.

Gott sei mit dir.
Alle wiederholen
Er begleite dich auf deinen Wegen.
Alle wiederholen
Besonders, wenn es schwer wird.
Alle wiederholen
Er schenke dir Kraft und Trost.
Alle wiederholen
Er lasse dich seine Liebe spüren.
Alle wiederholen
Er schenke dir Frieden.
Alle wiederholen

Sprechmotette

Der Text kann abwechselnd von zwei Gruppen (I. und II.), die Fragen jeweils von allen gesprochen werden.

Alle: Jesus, wer bist du?
I. Du hast von Gott erzählt.
II. Du hast gesagt: Ich bin bei euch.
I. Du hast Menschen geholfen.
II. Aber warum lässt du dir so viel gefallen?
I. Warum musst du sterben?
II. Warum hilft dir keiner?

Alle: Jesus, wer bist du?
I. Manche sagen: Du bist ein Lehrer.
II. Manche sagen: Du bist der Messias, der Christus.
I. Manche sagen: Du bist Gottes Sohn oder sogar Gott.
II. Manche sagen: Du bist ein Mensch, so wie ich?

Alle: Jesus, wer bist du?
I. Ich brauche jemand, der mir hilft.
II. Jemand, der mich mag.
I. Jemand, der mir zuhört.
II. Ich brauche jemand, der mich versteht.

Alle: Jesus, kannst du so jemand sein?

Amen.
Alle wiederholen

"Dieser Jesus war besonders", erinnert sich die Frau (Markus 14,3–9)

Wochenspruch

Wer die Hand an den Pflug legt und zurückschaut, der eignet sich nicht für das Reich Gottes. (Lukas 9,62)

Gestaltung

Ein Fläschchen mit Salböl steht auf einem großen Herz in der Mitte.

Liedruf

Du bist der Atem der Ewigkeit. Du bist der Weg in die neue Zeit.
(1. Strophe von „Du bist der Atem der Ewigkeit", s. Seite 23)

Eingangsgebet

Thema: Wir rufen Jesus in unsere Mitte.

Jesus Christus, guter Gott!
Sei mit uns, wenn wir feiern und lachen,
sei mit uns, wenn wir singen und beten,
die Geschichte hören und spielen.
Was wir auch tun, wir bitten um deinen Segen.
Alle: Amen.

Schlussgebet

Thema: Gutes tun?

Jesus Christus, guter Gott!
Was ist wichtig? Was ist richtig? Was sollen wir tun?
Kannst du es uns zeigen?
Wir wollen nicht so viel falsch machen.
Wir wollen einander Gutes tun.
Hilf uns dabei.
Alle: Amen.

Salbung mit Segenszuspruch

Gott berühre dich mit seiner Liebe und behüte dich auf allen Wegen.

"Jesus schenkte uns Gemeinschaft – und fühlte sich dann so allein", erinnern sich die Jünger (Markus 14,17–26.32–42)

Wochenspruch

Das Weizenkorn muss in die Erde fallen und sterben, sonst bleibt es allein. Wenn es aber stirbt, bringt es viel Frucht. (Johannes 12,24)

Gestaltung

Brot und Traubensaft befinden sich auf einem Tuch in der Mitte. Wir feiern - wenn möglich – Abendmahl (mit Einzelkelchen!).

Liedruf

Du bist das Brot, das den Hunger stillt. Du bist der Wein, der die Krüge füllt.
(2. Strophe von „Du bist der Atem der Ewigkeit", s. Seite 23)

Eingangsgebet

Thema: Wir gehören zusammen.

Jesus Christus, guter Gott!
Wir feiern in deinem Namen und hören von dir.
Lass uns spüren, dass wir zu dir gehören und dass du immer bei uns bist.
Alle: Amen.

Schlussgebet

Thema: Gemeinschaft – allein Sein

Jesus, guter Gott!
Manchmal ist es schön.
Da spüre ich: Ich gehöre dazu, alles ist leicht.
Und ich freue mich.
Aber manchmal fühle ich mich so allein:
Ich bin traurig und verzweifelt.
Bitte, sei bei mir und tröste mich.
Alle: Amen.

Einladung zum Abendmahl

Wir brauchen Kraft. Hier haben wir Brot, das den Hunger stillt.
Wir wollen fröhlich und glücklich leben. Hier haben wir den Kelch der Freude.
Wir essen ein Stück Brot, wir trinken einen Schluck Traubensaft, wir denken an Jesus. Er ist mit uns. Wir sind mit ihm verbunden. Komm, du bist willkommen!

"War er Christus, der Sohn Gottes?", stellen die Hohen Priester infrage (Markus 14,43–51.53–65)

Wochenspruch

Der Menschensohn ist nicht gekommen, um sich dienen zu lassen. Im Gegenteil: Er ist gekommen, um anderen zu dienen und sein Leben hinzugeben als Lösegeld für viele Menschen. (Matthäus 20,28)

Gestaltung

Unterschiedliche Emojis (Freude, Ärger, Trauer ...; von jedem mehrfach) liegen auf einem Tuch in der Mitte aus.

Liedruf

Du bist die Klage in Angst und Not. Du bist die Kraft, unser täglich Brot.
(3. Strophe von „Du bist der Atem der Ewigkeit", s. Seite 23)

Eingangsgebet

Thema: Ich darf kommen, wie ich bin.

Jesus Christus, guter Gott!
Da sind wir und feiern.
Schau, wie es uns geht. Sieh, was wir denken, was wir erleben.
Die Kinder wählen aus der Sammlung der Emojis eines aus, welches gerade zu ihnen passt und legen es vor sich. Natürlich darf auch ein Kommentar gegeben werden.
Du hörst uns und bist bei uns. Danke dafür.
Alle: Amen.

Schlussgebet

Thema: Wut

Jesus Christus, guter Gott!
Manchmal bin ich so wütend und verärgert.
Ich schreie und tobe und mag alles kleinschlagen.
Aber du lässt dir alles gefallen.
Wie kann das sein?
Hilf mir in meinem Ärger. Hilf mir in meiner Wut.
Alle: Amen.

Erst gefeierter König, dann verspottet. Ist denn alles vergessen? (Markus 11,1–11; 15,1–5.16–20)

Wochenspruch

Der Menschensohn muss erhöht werden, damit jeder, der an ihn glaubt, das ewige Leben hat. (Johannes 3,14b.15)

Gestaltung

Steine, Blumen, Kerzen/Teelichter stehen zur Verfügung.

Liedruf

Du bist der Blick, der uns ganz durchdringt. Du bist das Licht, das uns Hoffnung bringt.
(4. Strophe von „Du bist der Atem der Ewigkeit", s. Seite 23)

Eingangsgebet

Thema: Dank, Klage, Bitte

Jesus Christus, guter Gott!
Blumen machen Freude. Sie sagen: „Ich mag dich."
Mit der Blume sage ich: „Danke, dass du da bist.
Danke, dass du mich liebhast. Danke, dass es mir gut geht. Danke!"
Für jedes Danke wird eine Blume in die Mitte gelegt.
Die Kinder finden eigene Dankesätze.
Wie ein Stein liegt es mir schwer auf dem Herzen. Ich muss weinen.
Das tut mir weh. Ich klage!
Für jede Klage wird ein Stein in die Mitte gelegt.
Die Kinder finden eigene Sätze.
Das Kerzenlicht leuchtet. Es wärmt, es macht froh.
Wir bitten dich: Lass es gut werden. Hilf uns. Wir brauchen dich. Bitte!
Die Kerzen/Teelichter werden entzündet und in die Mitte gestellt.
Die Kinder finden eigene Sätze.

Schlussgebet

Thema: Bejubelt – Verspottet

Jesus Christus, guter Gott!
Du wirst bejubelt, du wirst verspottet.
Menschen werden bejubelt. Menschen werden verspottet.
Unsere Welt ist manchmal so verkehrt.
Wie soll man sich da auskennen?
Ich bitte dich: Bleib an meiner Seite, Jesus, und steh mir bei.
Alle: Amen.

“War er Gottes Sohn?”, fragt sich der Hauptmann (Markus 15,21–47)

Wochenspruch

Denn so sehr hat Gott die Welt geliebt, dass er seinen einzigen Sohn für sie hingab. Jeder, der an ihn glaubt, soll nicht verloren gehen, sondern das ewige Leben haben. (Johannes 3,16)

Gestaltung

Tränen aus Papier oder Filz liegen auf einem Tuch oder es sind Glasnuggets als Tränen in einem Krug neben dem Kreuz vorbereitet.

Liedruf

Du bist das Kreuz, das die Welt erlöst.
Du bist der Halt, der uns Mut einflößt.
Du bist das Wort, das uns Antwort gibt, ...
(6. und 8. Strophe von „Du bist der Atem der Ewigkeit“, s. Seite 23)

Eingangsgebet

Thema: Das Kreuz – Warum?

Jesus Christus, guter Gott!
Heute schauen wir auf das Kreuz.
Es tut weh und macht uns traurig.
So viel Tränen und Schmerz!
Wir verstehen es nicht.
Warum muss das sein?
Wir bitten dich: Hilf uns.
Alle: Amen.

Schlussgebet

Thema: Frieden

Guter Gott,
manchmal wünschen wir uns einen Starken,
der uns beschützt und verteidigt,
der auch mal dreinschlägt, wenn was ungerecht ist.
Aber du bist anders.
Du zeigst Frieden durch Leid und Tod hindurch.
Wir bitten dich, führe uns mit deiner Liebe und mit deinem Segen.
Alle: Amen.

Andrea Petritsch

„Kommt, seht, spürt und schmeckt – Jesus lebt

Für die ganze Reihe

Vorüberlegungen

Die drei Erzählungen zeigen: 1. Ostern wird nicht zuerst mit dem Kopf, sondern körperlich und sinnlich erfahren. In der Ostererzählung des Markus kommen die Frauen zum Grab. Was sie die Tage zuvor erlebt haben, liegt wie ein Stein auf ihrem Herzen. Auch als sie dort einem jungen Mann begegnen, der ihnen sagt, dass sie Jesus nicht beim Grab finden werden, können sie sich noch nicht darauf einlassen. Die Trauer liegt zu schwer auf ihren Seelen. Sie fliehen mit „Zittern und Entsetzen". Sie spüren: Am Grab ist etwas geschehen, das ihr Verstehen weit übersteigt. Die Bibel berichtet davon, ohne die Frauen zu verurteilen. Sie dürfen so reagieren. Das gehört zu Ostern dazu!

2. Auch Kinder haben möglicherweise schon Dinge erlebt, die sie überfordern. Kinder kennen auch den Impuls, fliehen zu wollen und sich abzuschotten vor anderen Menschen. Thomas geht es ähnlich. Ihm hilft es, dass Jesus seinen Zweifel aushält und in Kontakt bleibt mit ihm. Die körperliche Berührung ist dabei ganz wichtig. Thomas zweifelt – und er darf das! Das ist auch für Kinder heilsam: Da ist jemand, der meine Gefühle aushält und in Kontakt bleibt mit mir!

3. Die Jünger kommen nach einer Nacht harter Arbeit ohne einen einzigen Fisch nach Hause. Das ist schlimm, denn Fisch ist ihre Lebensgrundlage. Doch sie vertrauen dem Fremden und werfen ihre Netze noch einmal aus. Danach kommen sie entspannt am Lagerfeuer zusammen und essen mit Jesus. Sie vertrauen ihrer Intuition und „wissen", dass es Jesus ist. Fische fangen, essen, entspannen – auch hier wird Ostern durch den Körper erfahren.

Diese drei Erlebnisse sind auch wesentliche Stationen auf dem Weg zur Trauma-Heilung: Es tut Kindern gut, diese Emotionen bewusst mit dem Körper zu fühlen – und wieder loszulassen. Die Gebete und liturgischen Elemente wollen dies unterstützen und sind deswegen traumasensibel angelegt. Es ist gut, wenn die vorgeschlagenen Körperhaltungen einen Moment gehalten werden. Sie geben Halt, weil sie die Gefühle der Kinder aushalten, und führen am Ende ins Vertrauen und in die Entspannung. Damit zeichnen sie den „Osterweg" der drei Erzählungen nach.

Eröffnungsritual

Vor dem Votum nehmen die Kinder wahr, wie sie da sind und was sie mitgebracht haben: „Streckt euch mal! Wenn ihr noch verknittert seid von der Nacht, dann macht euch jetzt mal ganz groß: Streckt die Arme nach oben und nach rechts und links, soweit ihr könnt. Entfaltet euch. Dann schaut mal, wie sich euer Herz anfühlt. Leicht? Schwer? Vielleicht auch noch verknittert von der Nacht? Streicht euch mal über die Brust. Wir entfalten auch unser Herz und fühlen, was unser Herz mitgebracht hat: Manchmal liegt Angst auf dem Herzen wie ein Stein. Oder schwere Gedanken. Oder das Herz pocht ganz dolle. Wir nehmen jetzt alles, was uns auf dem Herzen liegt, wie ein Bündel, das wir oben zugeknotet haben – das geben wir jetzt an Gott ab …"

Votum

Gott, da!
Arme mit geballten Fäusten nach vorne ausstrecken.
Gott, nimm!
Hände öffnen und das Bündel in Gottes Hände fallen lassen.
Du hältst das für mich.
Handflächen nach unten drehen
Jetzt feiern wir Gottesdienst im Namen des Vaters, der dich liebhat.
Zärtlich über eigene Wange streichen
Und im Namen des Sohnes, Jesus, der dich kennt.
Auf die Brust tippen
Und im Namen des Heiligen Geistes,
das ist die Kraft von Gott, die immer bei dir ist.
Sich selbst umarmen; tief durchatmen.

Wechselgebet *(nach Psalm 118,14–24)*

Gott, du schenkst mir Leben – jeden Tag!
Leben heißt: Ich spüre mich.
Mit den Fingerspitzen durchs Gesicht tippeln.
Leben heißt: Ich fühle.
Mit den Fingern über die Arme streicheln.
Leben heißt: Ich sehe Wunder!
Augen mit den Händen verdecken und dann öffnen.
Leben heißt: Ich sehe dich und mich und uns. *Umschauen*

Gott, du schenkst mir Leben – jeden Tag!
Leben heißt auch: Ich fühle mich manchmal allein.
Handflächen nach oben.
Leben heißt auch: Ich sehe manchmal gar nichts. *Hand vor die Augen.*
Leben heißt auch: Ich weiß manchmal nicht, wohin mit mir.
Arme vor der Brust verschränken.

Gott, du schenkst mir Leben – jeden Tag!
Leben heißt auch: Ich freue mich. *Tanzen.*
Leben heißt auch: Ich bin traurig. *Hände vors Gesicht halten.*
Leben heißt auch: Ich darf das. *Daumen nach oben.*
Mein Gott hält das aus!
Handflächen nach oben wie beim Überreichen eines Geschenks.
Denn Leben heißt: Gott hält mich!
Arme über Kreuz auf die Brust mit offenen Händen.
Gott, du schenkst mir Leben – jeden Tag!

Ehr sei dem Vater und dem Sohn und dem Heiligen Geist …
Amen.
An den Händen fassen und einen Händedruck weitergeben.

„Kommt und seht“ – Das Grab ist leer (Markus 16,1–8.9)

Wochenspruch

Christus spricht: Ich war tot, doch schau her: Ich lebe für immer und ewig, und ich habe die Schlüssel zum Tod und zum Totenreich. (Offenbarung 1,18)

Eingangsgebet

Thema: Das Leben versteckt sich manchmal.

Gott, manchmal komme ich nicht weiter.
Hände ausstrecken, als ob eine Wand berührt wird
Manchmal suche ich etwas und kann es nicht finden.
Hände zu Fernglas formen und hindurchschauen
Und mein Herz ist unruhig. *Mit der flachen Hand aufs Herz klopfen*
Ich bitte dich: Lass mich ruhig werden.
Mit flacher Hand langsam vom Herz zum Bauch streichen, liegen lassen.
Und hilf mir das Leben zu finden, das du schenkst.
Andere Hand aufs Herz legen
Alle: Amen.
Beide Hände flach vor den Bauch halten, tief ein- und ausatmen.

Schlussgebet

Thema: Mit Ostern fällt mir ein Stein vom Herzen.
Jedes Kind bekommt zwei Kieselsteine. Zwei Kerzen stehen auf dem Altar bereit.
Gott, ich wundere mich – über Ostern.
Ich wundere mich über dich. Du hast zugelassen, dass Jesus stirbt.
Ich wundere mich darüber, dass Jesus wieder lebt.
Und ich wundere mich über so vieles, was ich nicht verstehe.
Ersten Stein auf den Altar legen.
Der Stein vor dem Grab ist weg. Es duftet nach Leben
und Wärme und Sonne und Licht.
Erste Kerze anzünden.
Gott, bitte fülle diese Welt mit Leben. Bitte schenke uns Frieden.
Nimm bitte auch den Stein von unserem Herzen weg.
Zweiten Stein auf den Altar legen.
Jesus lebt. Manchmal kriege ich eine Gänsehaut, wenn ich daran denke. Es fühlt sich leicht an und schön. Ich werde ruhig und entspanne mich in deinem Licht. Denn du, Gott, bist da für mich.
Zweite Kerze anzünden.
Ostern ist schön! Es vertreibt das Dunkle in mir und macht mein Leben hell.
Alle: Amen.

„Lass mich dich spüren" – Thomas will es genau wissen (Johannes 20,24–31)

Wochenspruch

Gelobt sei Gott, der Vater unseres Herrn Jesus Christus. In seiner großen Barmherzigkeit hat er uns neu geboren. Denn er hat uns eine lebendige Hoffnung geschenkt, weil Jesus Christus von den Toten auferstanden ist. (1. Petrus 1,3)

Eingangsgebet

Thema: Kontakt zu Gott aufnehmen.

Gott, wo bist du? *Nach oben schauen, Arme ausbreiten*
Ich kann dich nicht sehen. *Augen zuhalten*
Aber du bist trotzdem da. Überall.
Mit beiden Armen gleichzeitig von links nach rechts einen weiten Bogen schlagen.
Ich bitte dich: Hilf mir, zu spüren, dass du da bist.
Handflächen vor dem Bauch nach oben öffnen.
Und lass mich ruhig werden. Ich kann es nicht allein.
Beide Hände auf Herz legen.
Ich freue mich auf dich. *Dreimal tief ein- und ausatmen.*
Alle: Amen.

Schlussgebet

Thema: Ich will glauben.

Gott, danke, dass Thomas so sein darf, wie er ist;
dass jeder Mensch so zu dir kommen darf, wie er ist.
Den ganzen Körper schütteln, alles „ausschütteln".
Wenn ich an dich denke, wie du Himmel und Erde gemacht hast,
dann wird mir schwindelig.
Auf einem Bein balancieren.
Es gibt so vieles, was ich nicht verstehe.
Hände auf die Ohren legen.
Wenn Tiere oder Menschen sterben, bin ich traurig.
Kopf und Schultern hängen lassen.
Ich darf traurig sein bei dir. Das tut mir gut.
Sich selbst über die Wange streicheln.
Ich spüre, dass du lebst – mit mir und in mir.
Arme mit offenen Händen gekreuzt auf die Brust legen; dreimal tief ein- und ausatmen.
Ich will glauben. Hilf mir dabei.
Langsam vorbeugen und wieder gerade aufrichten, wie eine Kerze.
Alle: Amen.

14. April 2024 2. Sonntag nach Ostern

„Kommt und schmeckt“ (Johannes 21,1–14)

Wochenspruch

Christus spricht: Ich bin der gute Hirte. Meine Schafe hören meine Stimme. Ich kenne sie, und sie folgen mir. Ich gebe ihnen das ewige Leben. (Johannes 10,11a.27–28a)

Eingangsgebet

Thema: Ich will dich treffen, Gott!

Gott, danke für diesen Morgen!
Ich bin hier, weil ich hoffe, dich hier zu treffen.
In alle Richtungen winken.
Manche sagen, dich gibt es nicht.
Andere sagen, du bist ganz anders als ich mir das vorstelle.
Ich bitte dich, Gott: Sei jetzt einfach da, so wie du bist.
Hände hinter die Ohren legen, zum besseren Hören.
Ich freue mich darauf, heute von dir zu hören.
Ich freue mich darauf, dich mit dem Herzen zu sehen.
Ich freue mich darauf, zu spüren, dass du da bist.
Beide Hände aufs Herz legen; dreimal tief ein- und ausatmen.
Alle: Amen.

Schlussgebet

Thema: Ich will dir vertrauen, Gott!

Gott, ich kenne das: Wenn mein Herz leer ist und meine Beine müde sind und mein Kopf schwer ist.
Hände zusammenlegen und wie ein Kissen seitlich an den Kopf halten.
Wenn ich enttäuscht bin, wenn ich Angst habe,
dann fühlt es sich so an, als ob du weit, weit weg bist.
Offene Hand über die Augen legen, in die Ferne schauen.
Vielen Menschen geht es schlecht.
Sie machen sich Sorgen. Sie suchen Halt.
Einander die Hände reichen und halten.
Dabei bist du ganz nahe bei uns. Wenn wir essen, wenn wir schlafen, wenn wir lachen, wenn wir einander trösten und füreinander da sind.
Dann spüre ich: Du bist da!
Dreimal tief ein- und ausatmen.
Du bist in unserer Mitte. Du sorgst für uns.
Einander sanft die Hände drücken.
Alle: Amen.

Stefan Mendling

So wird es sein ... – Bilder vom Reich Gottes

Für die ganze Reihe

Vorüberlegung

Das „Dreigestirn" der Sonntage „Jubilate" (= freut euch!/jubelt!), „Kantate" (= singt!) und „Rogate" (= betet!) beschreibt sehr anschaulich drei elementare Äußerungen unseres Glaubens. Es bietet sich an, diese im Eingangsvotum des Gottesdienstes aufzunehmen. Zum Beispiel könnte für den Freudensonntag „Jubilate" ein Smiley in die Kreismitte/vor den Altar gelegt werden; für den Musiksonntag „Kantate" ein Bild mit Noten und für den Sonntag des Gebetes „Rogate" eine Zeichnung mit gefalteten Händen oder ein Plakat mit dem bunt gestalteten Wort „Amen".

Votum

Im Namen des Vaters. Ihm singen wir unsere Lieder.
Beide Arme nach oben strecken.
Im Namen des Sohnes Jesus. Er verspricht uns,
dass Gott auf unsere Gebete hört.
Die Hände falten.
Im Namen des Heiligen Geistes. Er weckt unsere Freude
und lässt uns jubeln.
Einmal in die Luft springen.
Alle: Amen.

Psalmgebet *(nach Motiven aus Psalm 100)*

Eine/r: Wir freuen uns ...
Alle: ... denn der Herr ist freundlich, und seine Gnade währet ewig.
Eine/r: Die ganze Welt soll jubeln. So wunderbar ist unser Gott.
Gerne kommen wir zum Gottesdienst zusammen.
Wenn wir zusammen feiern, dann ist Gott mitten unter uns.
Wir freuen uns ...
Alle: ... denn der Herr ist freundlich, und seine Gnade währet ewig.
Eine/r: Er allein ist unser Gott. Außer ihm gibt es keine anderen Götter.
Er hat die ganze Welt,
die Pflanzen, die Tiere und uns Menschen gemacht.
Wir gehören zu ihm. Er kümmert sich um uns, wie ein guter Hirte.
Wir freuen uns ...
Alle: ... denn der Herr ist freundlich, und seine Gnade währet ewig.
Eine/r: Immer, wenn ich in die Kirche gehe,
möchte ich unserem Gott „danke" sagen.

Es gibt so vieles, wofür ich dankbar bin.
Alle guten Dinge kommen aus seiner Hand.
Wir freuen uns ...
Alle: ... denn der Herr ist freundlich, und seine Gnade währet ewig.
Eine/r: In unserer Welt verändert sich so vieles.
Auch wir werden größer und älter.
Veränderungen machen mir manchmal Angst.
Aber unser Gott bleibt derselbe. Er bleibt an meiner Seite.
Wir freuen uns ...
Alle: ... denn der Herr ist freundlich, und seine Gnade währet ewig.
Eine/r: Ehr sei dem Vater und dem Sohn und dem Heiligen Geist ...
Alle: Amen.

Segen

Die drei Segenswünsche orientieren sich an den drei Gleichnissen der Reihe. Sie können jeden Sonntage komplett gelesen werden oder passend zum jeweiligen Sonntag.

1. Gott streue seinen Segen
wie Samenkörner auf das Feld.
Möge er Reichtum auf euch legen,
viel wertvoller als Gold und Geld.

2. Ein kleines Zeichen spendet Kraft,
gesegnet spürt ihr großen Mut.
Gottes Geist ist's, der das schafft.
Vertraut auf ihn und es wird gut.

3. Geht mit Freude in den Tag!
Spürt es: Ihr seid reicht beschenkt.
Es ist ein Schatz, dass Gott euch mag,
und dass er immer an euch denkt.

Daran kann sich die klassische trinitarische Segensformel anschließen:
So segne und behüte euch der allmächtige und barmherzige Gott,
der Vater, der Sohn und der Heilige Geist. Amen.

Mühsame Saat – reiche Ernte: Das Gleichnis vom Sämann (Matthäus 13,3–9)

Wochenspruch

Wenn jemand zu Christus gehört, gehört er schon zur neuen Schöpfung. Das Alte ist vergangen, etwas Neues ist entstanden! (2. Korinther 5,17)

Eingangsgebet

Thema: Von Gott reich beschenkt

Wir freuen uns, lieber Gott.
Du machst uns reich. Du gibst reichlich.
So viel Gutes kommt aus deiner Hand.
Wo du bist, da wächst das Leben.

Wir bitten dich:
Lass uns dankbar sein für alles, was du uns schenkst.
Gib uns ein fröhliches Herz!
Lass uns jubeln und dich loben! Halleluja!
Alle: Amen.

Schlussgebet

Thema: Lass dein Reich unter uns wachsen!

Guter Gott, wir staunen:
Du machst dir so viel Arbeit mit uns.
Du lässt dein Reich mitten unter uns wachsen.
Alle Menschen sollen es spüren:
Du meinst es gut mit uns.
Alle sollen an dich glauben:
Große und Kleine, Junge und Alte, Reiche und Arme.

Wir bitten dich:
Öffne die Ohren und Herzen,
wenn Menschen nicht auf dich hören wollen.
Geh nicht weg,
wenn manche den Mut verlieren und an dir zweifeln.
Hab Geduld mit uns,
wenn wir zu schnell aufgeben und sagen: „Gott hilft mir nicht."

Dein Reich soll zu uns kommen.
Alle: Amen.

Kleiner Anfang – große Wirkung:
Die Gleichnisse vom Senfkorn und Sauerteig (Matthäus 13,31–33)

Wochenspruch

Singt dem Herrn ein neues Lied; denn Wunder hat er getan!
(Psalm 98,1)

Eingangsgebet

Thema: „Kantate" – kleiner Gesang mit großer Wirkung

Lasst uns feiern, lasst uns singen!
Lasst die Instrumente klingen!
Manche Töne sind nur leise,
unsre Stimmen manchmal schwach.
Jeder lobt auf seine Weise,
braucht oft keinen lauten Krach.
Kleines machst du, Gott, ganz groß.
Drum singen wir heut einfach los.
Alle: Amen.

Schlussgebet

Thema: Die große Wertschätzung der kleinen Dinge

Bei dir, Gott, geht es uns gut.
Bei dir kommt das Kleine groß raus.
Für dich sind wir nicht zu klein, nicht zu schwach oder zu dumm.

Wir bitten dich:
Lass uns auf alles Kleine gut achtgeben:
Auf die Gänseblümchen und Kleeblätter,
auf die Marienkäfer und Ameisen,
auf den Zaunkönig und die Schwalbe,
und auf jedes kleine Baby.

Lass uns geduldig sein, Gott!
Wenn das Kleine groß werden will, muss es wachsen.
Aber das Warten fällt uns oft schwer.
Hilf uns dabei!

Mache uns Mut, auch kleine Dinge zu verändern.
Zeige uns, wo wir helfen und Gutes tun können,
auch, wenn es nur klein und wenig ist.
Du machst das Kleine groß. Darauf vertrauen wir.
Alle: Amen.

Überrascht von Freude: Die Gleichnisse vom Schatz im Acker und von der Perle (Matthäus 13,44–46)

Wochenspruch

Gepriesen sei Gott! Er hat mein Gebet nicht abgewiesen und seine Güte nicht von mir genommen. (Psalm 66,20)

Eingangsgebet

Thema: Beten als Schatz

Lieber Gott,
was für ein großer Schatz, dass wir zu dir beten können!
Dir können wir alles sagen. Du hörst uns zu.
Du nimmst uns ernst wie ein guter Freund, wie eine gute Freundin.
Für diesen Schatz des Gebets danken wir dir.
Alle: Amen.

Schlussgebet

Thema: Freude macht das Leben lebenswert

Großer Gott, immer wieder gibst du uns einen Grund zum Freuen.
Es ist so schön, wenn wir die Freude am ganzen Körper spüren:
Danke, Gott, für die Schmetterlinge im Bauch,
für das Lachen in unserem Gesicht,
für die Freudensprünge,
für den Freudentanz
und für die Freudentränen.

Wir bitten dich für alle Menschen, die traurig sind
und die das Lachen verlernt haben.
Lass bei ihnen dein Reich und deine Liebe aufblühen
und schenke viel Freude.

Wir bitten dich für alle Menschen, denen oft langweilig ist.
Die nicht wissen, was sie mit ihrem Leben anfangen sollen.
Lass bei ihnen dein Reich und deine Liebe aufblühen
und schenke viel Freude.

Wir denken an die Menschen,
für die nur Geld und Mächtig-Sein wichtig ist.
Zeige ihnen deine Schätze, Gott.
Lass bei ihnen dein Reich und deine Liebe aufblühen
und schenke viel Freude.
Alle: Amen.

Hartmut Klausfelder

Am Anfang Gottes Geist

Für die ganze Reihe

Votum

Wir feiern diesen Gottesdienst im Namen Gottes,
der uns liebt wie eine Mutter.
Im Namen Jesu, der unser Freund ist.
Und im Namen der Heiligen Geistkraft, die uns immer begleitet.
Alle: Amen.

Psalm *(nach Psalm 113)*

Mit Liedrefrain und Bewegungen

Vom Aufgang der Sonne bis zu ihrem Niedergang,
Die Arme zeichnen im Halbkreis einen großen Bogen von einer Seite zur anderen.
sei gelobet der Name des Herrn, sei gelobet der Name des Herrn.
Nach oben schauen und die Hände zum Lob erheben.

Lobt ihn, die ihr Dienst tut für den Herrn!
Lobt fröhlich den Namen des Herrn!
Der Name des Herrn sei gepriesen
von heute an bis in alle Zukunft!
Vom Aufgang der Sonne bis zu ihrem Untergang
soll man den Namen des Herrn loben!

Liedrefrain: Vom Aufgang der Sonne …

Hoch über allen Völkern steht der Herr,
über dem Himmel wohnt er in Herrlichkeit.
Wer ist wie der Herr, unser Gott?
Er steigt hinauf, um in der Höhe zu thronen.
Er beugt sich nieder, um in die Tiefe zu schauen.
Den Geringen zieht er aus dem Staub,
den Armen holt er aus dem Dreck.

Liedrefrain: Vom Aufgang der Sonne …

Ehr sei dem Vater und dem Sohn und dem Heiligen Geist …
Alle: Amen.

Themenlieder für die ganze Reihe

- Vom Aufgang der Sonne (EG 456, KG 169, KKL 143, KuS 560, MKL 1- 36)
- Weißt du, wo der Himmel ist (KG 69, KKL 148)

- Du bist da, wo Menschen leben
  (KG 147, KKH 28, KKL 37, KuS 476, MKL 1-42)
- Komm, sag es allen weiter (EG 225, KG 204, KKL 97, KuS 268, MKL 1- 56)
- Mutter Geist (KG 75)

Segen

Gott, segne uns, behüte uns,
die Heilige Geistkraft verbinde uns mit dir, Gott.
Sie zeige uns deine liebende Hand.
Sie umwehe uns wie ein frischer Wind
und lasse uns spüren, dass wir nicht alleine sind.
Alle: Amen.

Gottes Geist am Anfang der Schöpfung (1. Mose 1,1–2,4a)

Wochenspruch

Christus spricht: „Ich werde über die Erde erhöht werden, und dann führe ich alle zu mir." (Johannes 12,32)

Eingangsgebet

Thema: Gottes wunderbare Welt

Wunderbarer Gott,
wir staunen über die Schönheit unserer Erde.
Wir sehen die hohen Berge, die Flüsse und das Meer.
Wir bewundern die dunklen Wälder und bunten Wiesen,
die vielen verschiedenen Tiere und Pflanzen.
Alles hast du mit so viel Liebe und Weisheit geschaffen.
Wir danken dir, dass du uns diese wunderbare Welt geschenkt hast.
Hilf uns, sie zu schützen und zu bewahren.
Alle: Amen.

Schlussgebet

Thema: Wir sind ein Stück des Himmels

Lieber Gott, auch wir sind ein Stück des Himmels.
Denn der Himmel ist dort, wo du bist:
In unseren Herzen, in unserem Leben,
in allem, was wir tun und was uns verbindet.
Du bist bei uns – jeden Tag und jede Nacht.
Deine Liebe ist unser Licht.

Hilf uns, Gott, stets ein Teil vom Himmel zu sein,
indem wir mit anderen gut umgehen und füreinander da sind.
Hilf uns, wie Jesus auch die zu lieben,
die uns manchmal das Leben schwer machen.
Und zu vergeben, anderen und auch uns selbst.

Behüte uns und begleite uns auf unserem Weg.
Lass uns spüren, dass du immer bei uns bist.
Jeden Tag und jeden Augenblick.
Alle: Amen.

Gottes Geist am Anfang der Christenheit (Apostelgeschichte 2,1–17)

Wochenspruch

Das ist das Wort des Herrn: Durch Heeresmacht und Kriegsgewalt wird nichts erreicht, sondern nur durch meinen Geist. (Sacharja 4,6)

Eingangsgebet

Thema: Einander als Geschwister erkennen

Guter Gott,
in dieser Welt herrscht so viel Unfriede.
Wir brauchen deinen Geist,
damit wir uns als Geschwister erkennen.
Wir brauchen deinen Geist,
damit wir nicht darauf schauen, was uns von den anderen unterscheidet,
sondern sehen, womit wir einander helfen und stützen können.
Dein Geist gibt uns die Kraft, uns von deiner Liebe leiten lassen.
Um diesen Geist bitten wir heute,
wenn wir das Pfingstfest miteinander feiern.
Alle: Amen.

Schlussgebet

Thema: In Gott geborgen

Gott, wir danken dir für deine unendliche Liebe,
für deine unermüdliche Fürsorge und Geduld.
Wir danken dir, dass wir in deiner Hand geborgen sind
und du uns niemals verlässt oder vergisst.
An diesem Pfingstfest beten wir,
dass so ein Wunder wie damals auch heute passiert:
Dein Heiliger Geist komme auf uns herab und erfülle uns,
damit wir deine Liebe in uns spüren.
Er bleibe bei uns,
damit wir in deiner Gnade wachsen.
Er gehe mit uns,
damit deine Liebe durch uns auch für andere aufstrahlt.
Darum bitten wir im Namen des Vater, des Sohnes und des Heiligen Geistes.
Alle: Amen.

Katharina Schmolke

Segen mit Hindernissen

Die Geschichte Jakobs

Für die ganze Reihe

Psalmgebet *(nach Psalm 136)*

Danket Gott, denn er ist freundlich.
Er schaut mit großer Liebe und Herzlichkeit auf uns.
Wir sind seine Kinder, die er nie im Stich lässt.
Seine Güte hört niemals auf.

Alle: Danket Gott, denn er ist gut zu uns.

Seine Liebe zeigt er uns in allem, was er geschaffen hat.
Es ist ihm eine Freude, Leben hervorzubringen.
Alle seine Geschöpfe begleitet er mit seinem Segen.
Seine Güte hört niemals auf.

Alle: Danket Gott, denn er ist gut zu uns.

Über so vieles staunen wir – immer wieder.
Alles hat er geschaffen:
Die Berge und das Meer,
die Wolken, die langsam am Himmel ziehen,
die Sterne, die in der Nacht leuchten.
Seine Güte hört niemals auf.

Alle: Danket Gott, denn er ist gut zu uns.

Gott hat uns das Leben geschenkt.
Er erhält es Tag für Tag.
Er hat uns Menschen geschickt, die für uns sorgen,
die mit uns lachen und weinen,
die uns trösten und ermutigen.
Seine Güte hört niemals auf.

Alle: Danket Gott, denn er ist gut zu uns.

Gott ist bei uns, wenn wir Angst haben.
Er wendet sich uns voll Erbarmen zu, wenn es uns schlecht geht.
Und er freut sich, wenn wir vor Glück singen möchten.
Seine Güte hört niemals auf.

Alle: Danket Gott, denn er ist gut zu uns.

Ehr sei dem Vater und dem Sohn und dem Heiligen Geist …
Alle: Amen.

Themenlieder zur Reihe

- Du, Gott, stützt mich (KKL 46, KuS 463, LH 1 66)
- Geh unter der Gnade (KuS 204)
- Gott verspricht (EG 348, KuS 405)
- Ich lobe meinen Gott (EG 272, KG 161, KuS 312)
- Vom Anfang bis zum Ende (KuS 196)

Erzählung mit Bildern

Die Jakobsgeschichte dieser Reihe kann mit dem Figurenset zur Erzählschiene anschaulich gestaltet werden.
Tipp: Im Original sind die Illustrationen farbig!

Erhältlich bei Verlag Junge Gemeinde,
€ 11,00; Best.-Nr.: 1765; junge-gemeinde.de

Segen

Der Gott, der mit Jakob war,
der mit ihm durch dick und dünn gegangen ist,
er begleite uns heute und morgen und alle Tage unseres Lebens.
Sein Erbarmen beschütze uns wie eine wärmende Decke.
Seine Güte ebne den Weg unserer Schritte
und gebe uns Kraft, Hindernisse zu überwinden.
Sein Segen lasse uns nie im Stich.
Alle: Amen.

26. Mai 2024 Trinitatis

Der erschlichene Segen (1. Mose 27,1–40)

Wochenspruch

Heilig, heilig, heilig ist der Herr Zebaot! Sein herrlicher Glanz erfüllt die ganze Erde. (Jesaja 6,3)

Eingangsgebet

Thema: Wie steht Gott zu uns?

Gott, es ist nicht immer leicht, sich miteinander zu vertragen.
Wir versuchen besser zu sein als die anderen.
Wir tun uns schwer, andere neben uns gelten zu lassen.
Wir fürchten, nicht genug beachtet und anerkannt zu werden.
Die Kinder können weitere Beispiele nennen, warum es schwer ist, sich zu vertragen.

Gott, wie stehst du zu uns, wenn wir miteinander streiten?
Wie stehst du zu uns, wenn wir aneinander schuldig werden?
In dem Weg, den du mit Jakob und seiner Familie gegangen bist,
können wir Antworten auf unsere Fragen entdecken.
Wir wollen hören, was du uns in dieser alten Geschichte sagen willst.
Alle: Amen.

Schlussgebet

Thema: Gottes Barmherzigkeit

Gott, es ist nicht gerecht, wie die Geschichte heute ausging.
Aber es ist auch gut, dass du denen, die schuldig werden,
deinen Segen nicht entziehst.
Wer könnte sonst vor dir bestehen?
Wir danken dir, dass du barmherzig bist
und auch mit uns durch dick und dünn gehst.
Das gibt uns Mut und tut uns richtig gut.
Alle: Amen.

Der besondere Traum (1. Mose 27,41–45; 28,10–22)

Wochenspruch

Christus spricht zu seinen Jüngern: Wer auf euch hört, hört auf mich. Und wer euch ablehnt, lehnt mich ab. (Lukas 10,16)

Eingangsgebet

Thema: Nähe Gottes

Wir überlegen, wann wir uns Gott schon mal ganz nahe gefühlt haben.

Gott, manchmal fühlen wir uns dir ganz nah.
Wir freuen uns über etwas, das uns unerwartet geschenkt wird.
Wir staunen über deine Schöpfung,
die wir auf einmal mit neuen Augen sehen.
Wir spüren plötzlich deine Liebe zu uns in Momenten,
wo wir durch Trauer und Angst niedergedrückt sind.
Dann scheint uns der Himmel offenzustehen.
Danke für diese Augenblicke deiner Nähe, denn sie sind kostbar.
Schenke uns auch Vertrauen in deine Liebe,
wenn sie uns fern und unerreichbar scheint.
Alle: Amen.

Schlussgebet

Thema: Bitte um die Nähe Gottes

Gott, wir bitten dich für Menschen,
die verzweifelt sind, weil sie sich von allen verlassen fühlen.
Auch von dir.
Gott, wir bitten dich für Menschen,
die sich entwurzelt fühlen, weil sie ihre gewohnte Heimat verlassen mussten.
Gott, wir bitten dich für Menschen,
die nicht an dich glauben können, weil sie in ihrem Leben keine Spuren von dir erkennen.
Öffne du den Himmel für sie, wie du das dem Jakob geschenkt hast.
Lass sie deine Liebe und Nähe spüren.
Du begleitest mit deinem Segen alle Menschen.
Dafür danken wir dir und darauf vertrauen wir – hier und heute.
Alle: Amen.

Der betrogene Betrüger (1. Mose 29,1–30)

Wochenspruch

Christus spricht: Kommt her zu mir alle, die ihr mühselig und beladen seid, ich will euch erquicken. (Matthäus 11,28)

Eingangsgebet

Thema: Vertrauen bewahren

Wir überlegen, ob wir schon mal reingelegt wurden und wie es uns dabei ergangen ist.

Gott, es ist nicht schön, wenn jemand sein Wort nicht hält.
Es tut weh, wenn uns jemand hintergeht und reinlegt.
Es ärgert uns, wenn wir jemand vertraut haben
und uns nicht auf ihn verlassen konnten.
Wir sind enttäuscht und fühlen uns bloßgestellt.
Auch in der Bibel begegnen uns viele solcher bitteren Erfahrungen.
Warum ist nicht alles schön und gut?
Gott, du hast es am Anfang anders gewollt.
Du hast deine Schöpfung gut gemacht.
Daran wollen wir auch in Enttäuschungen immer wieder glauben.
Wenn wir trotzdem wieder Vertrauen schenken,
dann kann es einen Neuanfang geben. Schenke uns deine Hilfe dazu.
Alle: Amen.

Schlussgebet

Thema: Bitte um Gottes Treue

Gott, viele Jahre musste Jakob bei seinem Onkel arbeiten.
Er wurde von ihm hinters Licht geführt. Das war ganz schön gemein.
Jakob hat das ertragen. War es das wert?
Gott, auch wir erkennen in unserem Leben nicht immer,
wozu etwas gut ist. Wir fragen: Muss das so sein?
Wir verstehen nicht, welchen Sinn das hat, was uns passiert ist.
Die Kinder können von eigenen Situationen erzählen, wo es ihnen so gegangen ist.
Gott, wir haben Fragen. Auf viele gibt es keine einfachen Antworten.
Wir zweifeln, ob es gut ausgeht, wenn wir in Schwierigkeiten stecken.
Wir sind verzweifelt, wenn wir in der Trauer nicht mehr weiterwissen.
Sei du bei uns, wenn es uns schwerfällt,
deine Liebe hinter dem zu erkennen, was uns zustößt.
Halte mit uns aus, wenn wir keinen Ausweg mehr sehen.
Bleibe bei uns mit deinem Segen.
Alle: Amen.

Der ungleiche Kampf (1. Mose 32,23–33,11)

Wochenspruch

Der Menschensohn ist gekommen, um die Verlorenen zu suchen und zu retten. (Lukas 19,10)

Eingangsgebet

Thema: Versöhnung wagen

Die Kinder erzählen, wie es ist, sich nach einem Streit wieder zu vertragen.

Gott, es ist nicht leicht, sich nach einem Streit wieder zu vertragen.
Aber es tut gut, wenn alles wieder gut ist.
Es wird uns dann ganz leicht ums Herz.
Und manchmal verstehen wir auch gar nicht mehr,
warum wir uns gestritten haben.
Oder warum es uns so schwergefallen ist, uns wieder zu versöhnen.
Gib uns den Mut, nach einem Streit den ersten Schritt zu tun.
Gib uns den Mut, uns miteinander ehrlich auszusprechen.
Gib uns die Kraft, einander nichts nachzutragen.
Gib uns die Kraft, einander zu verzeihen.
Schenke uns dazu deinen Segen.
Alle: Amen.

Schlussgebet

Thema: Gottes Führung und Segen

Gott, jetzt ist die Geschichte zwischen Jakob und Esau gut ausgegangen.
Dein Segen war ja mit beiden so ungleichen Brüdern.
Diese Geschichte macht uns Hoffnung: Dein Segen ist auch mit uns.
Dein Segen ist da, auch wenn wir denken:
„Die anderen haben es besser als ich."
Diese Geschichte macht uns Mut, wenn wir an uns selbst zweifeln.
Stärke unser Vertrauen in deine gute Führung für unser Leben,
wenn wir vor Hindernissen stehen, die uns unüberwindlich scheinen.
Schenke uns deinen Segen, wenn wir vor neuen Aufgaben stehen.
Vielleicht haben die Kinder auch selbst Bitten oder möchten am Ende dieser Reihe für etwas danken.
Alle: Amen.

Peter Hitzelberger

„Danke!“ – Vieles ist uns geschenkt

Für die ganze Reihe

Vorbemerkung

Das Psalmgebet ist so aufgebaut, dass es die Themen der drei Sonntage der Reihe berücksichtigt: Gesundheit, Essen, Freunde. Dabei richten die Verse jeweils zunächst den Blick auf den Einzelnen persönlich und dann auf die ganze Schöpfung. Es können daher die Verse, die zum jeweiligen Sonntag gehören, ausgewählt werden oder auch die Verse mit dem Blick auf den Einzelnen oder die ganze Schöpfung. Der Kehrvers kann gesungen werden: EG 336, KuS 376.

Psalmgebet *(nach Psalm 145 und 106,1)*

<u>Kehrv.:</u> Danket, danket dem Herrn,
denn er ist sehr freundlich,
seine Güt und Wahrheit währet ewiglich.

I: Ich will dich loben und von deiner Güte erzählen.
Laut will ich dein Lob ausrufen und dir danken.

II: Vieles hast du mir geschenkt, wofür ich dir danken kann.
Du hast mir das Leben gegeben.
Weil du mich liebst, deshalb bin ich da.

<u>Kehrv.:</u> Danket, danket dem Herrn, denn er ist sehr freundlich ...

I: Die ganze Schöpfung soll deinem Namen die Ehre geben.
Alles, was du geschaffen hast, soll zu deinem Lob singen.

II: Weil du Freude an deiner Schöpfung hast,
ist sie so bunt und schön.
Alles lebt von deiner Güte und Liebe.

<u>Kehrv.:</u> Danket, danket dem Herrn, denn er ist sehr freundlich ...

I: Ich will dich loben und von deiner Güte erzählen.
Laut will ich dein Lob ausrufen und dir danken.

II: Ich danke dir für meine Gesundheit.
Ich danke dir, dass ich jeden Tag etwas Neues lernen kann.
Du behütest und bewahrst mich mein Leben lang.

<u>Kehrv.:</u> Danket, danket dem Herrn, denn er ist sehr freundlich ...

I: Die ganze Schöpfung soll deinem Namen die Ehre geben.
Alles, was du geschaffen hast, soll zu deinem Lob singen.

II: Du kümmerst dich um alle deine Geschöpfe.
Du sorgst für ihren Fortbestand und für ihr Wachstum.
Groß sind dein Erbarmen und deine Güte zu allem, was lebt.

Kehrv.: Danket, danket dem Herrn, denn er ist sehr freundlich ...
I: Ich will dich loben und von deiner Güte erzählen.
Laut will ich dein Lob ausrufen und dir danken.
II: Ich danke dir, dass ich habe, was ich zum Leben brauche.
Ich danke dir für das Wasser, das ich trinke.
Ich danke dir für das Essen, das bei uns auf den Tisch kommt.

Kehrv.: Danket, danket dem Herrn, denn er ist sehr freundlich ...

I: Die ganze Schöpfung soll deinem Namen die Ehre geben.
Alles, was du geschaffen hast, soll zu deinem Lob singen.
II: Du öffnest deine Hand und sättigst alles, was lebt.
Du gibst ihnen Nahrung zur rechten Zeit.
Allen Geschöpfen schenkst du deinen Segen.

Kehrv.: Danket, danket dem Herrn, denn er ist sehr freundlich ...

I: Ich will dich loben und von deiner Güte erzählen.
Laut will ich dein Lob ausrufen und dir danken.
II: Ich danke dir für die Freunde, die ich habe.
Ich danke dir, dass es Menschen gibt,
die sich um mich kümmern.

Kehrv.: Danket, danket dem Herrn, denn er ist sehr freundlich ...

I: Die ganze Schöpfung soll deinem Namen die Ehre geben.
Alles, was du geschaffen hast, soll zu deinem Lob singen.
II: Du bist allen nahe, die zu dir rufen.
Allen, die dein Lob verkünden und auf deine Hilfe hoffen.
Du stellst ihnen Gefährten an die Seite, die sie begleiten.

Kehrv.: Danket, danket dem Herrn, denn er ist sehr freundlich ...

Ehr sei dem Vater und dem Sohn und dem Heiligen Geist ...
Alle: Amen.

Gesundheit ist ein Geschenk (Johannes 5,1–9)

Wochenspruch

Helft einander, die Lasten zu tragen. So erfüllt ihr das Gesetz, das Christus gegeben hat. (Galater 6,2)

Eingangsgebet

Thema: Dank für Gesundheit und Leben

Lieber Gott!
Danke für diesen Sonntag. Danke für diesen neuen Tag.
Danke für alles Schöne, was du uns geschenkt hast.
Die Kinder können Gott für schöne Erlebnisse, an die sie sich erinnern, danken.
Wir danken dir heute besonders dafür, dass wir gesund sind.
Danke, dass du für alle deine Geschöpfe sorgst
und für alles, was du geschaffen hast, in Sorge bist.
Wenn es jemandem gerade nicht so gut geht,
bitten wir dich deshalb voll Vertrauen auf deine Güte,
dass er bald wieder lachen und sich freuen kann.
Alle: Amen.

Schlussgebet

Thema: Lob und Bitte

Jesus Christus,
du hast dich des Kranken am Teich Betesda erbarmt.
Du hast an ihn geglaubt und ihn losgeschickt. Wir rufen:
Alle: Jesus, wir loben dich!

Du hast keine Angst um deinen guten Ruf gehabt.
Du hast die Not des Kranken gesehen und gehandelt. Wir rufen:
Alle: Jesus, wir loben dich!

Wir beten für Menschen, die schwer erkrankt sind.
Wir bitten dich um ihre Heilung.
Gib ihnen Kraft und Geduld.
Alle: Jesus, wir bitten dich, höre uns!

Sei du bei den Menschen,
deren Gesundheit durch Unfall oder Gewalt geschädigt wurde.
Lass sie erfahren, dass ihr Leben trotz der Einschränkungen wertvoll ist.
Alle: Jesus, wir bitten dich, höre uns!

Bleibe bei uns mit deiner Güte und Liebe.
Alle: Amen.

Essen ist ein Geschenk (Psalm 145)

Wochenspruch

Denn aus Gnade seid ihr gerettet – durch den Glauben. Das verdankt ihr nicht eurer eigenen Kraft, sondern es ist Gottes Geschenk. (Epheser 2,8)

Eingangsgebet

Thema: Dank für vieles, was uns geschenkt ist

Lieber Gott!
Es ist schön, dass wir ein Zuhause haben.
Um uns sind Menschen, die für uns sorgen.
Wir wollen dir sagen, wofür wir besonders dankbar sind:
Die Kinder können Gott sagen, wofür sie dankbar sind.
Wir danken dir heute besonders auch dafür,
dass wir genügend zu essen und zu trinken haben.
Wir möchten achtsam damit umgehen,
keine Lebensmittel verschwenden oder wegwerfen.
Wir sind Teil deiner Schöpfung.
Wir wollen sie bewahren und erhalten, so gut wir können.
Das versprechen wir dir. Hilf uns dabei.
Alle: Amen.

Schlussgebet

Thema: Lobpreis auf Gotte Güte

Du bist gnädig und barmherzig, Gott.
Du bist geduldig und von großer Güte.
Du hast einen Reichtum an Pflanzen und Tieren
auf dieser Erde entstehen lassen.
Du lässt immer neues Leben hervorkommen,
du begleitest es mit deinem Wohlwollen.

Wir danken dir und preisen dich für alles, was du geschaffen hast.
Du siehst auf uns und sorgst für uns.
Deine Liebe zu uns hört niemals auf.
Du bist gnädig und barmherzig, Gott.
Du bist geduldig und von großer Güte.
Alle: Amen.

Freunde sind ein Geschenk (Markus 2,1–12)

Wochenspruch

Jetzt aber spricht der Herr, der dich geschaffen hat: Fürchte dich nicht, denn ich habe dich befreit. Ich habe dich bei deinem Namen gerufen, du gehörst zu mir. (Jesaja 43,1)

Eingangsgebet

Thema: Dank für unsere Freunde

Lieber Gott!
Es ist schön, dass wir nicht allein auf dieser Welt leben.
Wir haben Freunde, denen wir wichtig sind.
Wir wollen dir sagen, für wen wir besonders dankbar sind:
Die Kinder können Gott sagen, für welche Freunde sie dankbar sind.
Danke, Gott, für alle guten Freunde, die wir haben.
Danke, dass sie uns mögen, uns zuhören, mit uns spielen.
Danke, dass auch wir für sie da sein können,
wenn sie uns brauchen.
Alle: Amen.

Schlussgebet

Thema: Freundschaft trägt

Jesus Christus,
die Freunde haben den Gelähmten zu dir getragen.
Der Mann konnte sich auf seine Freunde verlassen.
Sie haben sich aber auch auf dich verlassen.
Sie haben dir zugetraut,
dass du den Gelähmten heilen kannst.
Sie haben dir vertraut.
Freunde, die uns tragen, denen wir vertrauen können,
wünschen auch wir uns.
Danke, dass du unser Freund bist,
dass du uns trägst und wir dir vertrauen dürfen.
Alle: Amen.

Peter Hitzelberger

In dem Buch »Biblische Geschichten mit Legematerial erzählen« (Verlag Junge Gemeinde, Best.-Nr. 2134) erzählt der Autor die Heilung des Gelähmten wirkungsvoll mit einem einfachen Bodenbild.

Wenn Kinder und Erwachsene aufeinander hören

Für die ganze Reihe

Votum

Wir feiern Gottesdienst im Namen des Vaters,
denn wir alle – Große und Kleine – sind seine Kinder.
Im Namen des Sohnes,
der uns zeigt, wie wir gut zusammenleben.
Im Namen des Geistes,
der uns die Kraft und die Ideen dafür gibt.
Alle: Amen.

Psalmgebet

Wir alle, Gott, sind deine Kinder: Großen und Kleinen bist du nah.

Die Großen sagen: „Kinder sind so kindisch!"
Die Kinder sagen: „Die Erwachsenen sind immer nur ernst!"
Manchmal gibt es deshalb auch Streit.
Hilf uns, Gott, dass wir uns immer daran erinnern:

Alle: Wir alle sind deine Kinder: Großen und Kleinen bist du nah.

Die Ideen der Kinder können die Welt verändern.
Genauso wie die Ideen von Erwachsenen.
Doch oft hören wir nicht aufeinander.
Hilf uns, Gott, dass wir uns immer daran erinnern:

Alle: Wir alle sind deine Kinder: Großen und Kleinen bist du nah.

Manche sagen: „Die Welt ist nur für Erwachsene."
Andere sagen: „Alles dreht sich nur um die Kinder."
Doch deine Welt, Gott, ist für uns alle da.
Hilf uns, Gott, dass wir uns immer daran erinnern:

Alle: Wir alle sind deine Kinder: Großen und Kleinen bist du nah.

Ehr sei den Vater und dem Sohn und dem Heiligen Geist ...
Alle: Amen.

Themenlieder

- Ein jeder kann kommen (KKL 49, KuS 192, LH 2 204, MKL 2-28)
- Gut, dass wir einander haben (KuS 294)
- Wir sind Wunderkinder (KuS 490)

Segen

Gott segne dich – dass du immer offene Ohren findest.
Gott segne dich – dass immer jemand da ist, der dich liebevoll anblickt.
Gott segne dich – dass immer eine freundliche Hand dich begleitet.
Alle: Amen.

<u>Der Segen kann von Gesten begleitet werden:</u>
Zuerst legen die Kinder als Zeichen der Aufmerksamkeit die Hände hinter die Ohren.
Dann blicken sie durch ein mit Daumen und Zeigefingern geformtes Herz eine andere Person an.
Schließlich reichen sie sich einander die Hände.

Das Sklavenmädchen (2. Könige 5,1–16)

Wochenspruch

Ihr seid also nicht mehr Fremde und ohne Rechte in Israel. Ihr seid vielmehr Mitbürger der Heiligen und Mitglieder von Gotte Hausgemeinschaft. (Epheser 2,19)

Eingangsgebet

Thema: Mit eigenen Ohren auf Gottes Wort hören

Gott,
danke, dass wir heute hier sind.
In den Geschichten von dir gibt es vieles zu entdecken.
Manches hört man mit Kinderohren vielleicht sogar besser
als mit den Ohren der Erwachsenen.
Manches sieht man mit Kinderaugen vielleicht sogar klarer
als mit den Augen von Erwachsenen.
Hilf uns zu verstehen, was du uns heute sagen willst.
Hilf uns zu sehen, was du uns heute zeigen willst.
Begleite uns durch diesen Gottesdienst.
Alle: Amen.

Schlussgebet

Thema: Aufmerksamkeit füreinander

Guter Gott,
du bist für alle da.
Schenke uns offene Augen, zu sehen, wo es anderen schlecht geht.
Zeige uns, wie wir ihnen helfen können.
Manchmal verstehen wir nicht, was du von uns möchtest.
Hilf uns, dass wir den richtigen Weg nicht verlieren.
Oft fühlen wir uns klein und schwach,
gib du uns dann Kraft und Mut.
Begleite uns durch unser Leben.
Schenke allen Menschen jemanden, der sie durchs Leben begleitet.
Jemanden, der einen guten Ratschlag für sie hat.
Jemanden, der ihnen hilft, wenn sie nicht weiterwissen.
Jemanden, der sich um sie kümmert, wenn sie krank sind.
Jemanden, der sie rettet, wenn sie in Not sind.
Gott, du bist für alle da. Wir danken dir.
Alle: Amen.

21. Juli 2024 8. Sonntag nach Trinitatis

Der 12-jährige Junge (Lukas 2,41–52)

Wochenspruch

Führt euer Leben wie Kinder des Lichts! Denn das Licht bringt als Ertrag lauter Güte, Gerechtigkeit und Wahrheit. (Epheser 5,8b.9)

Eingangsgebet

Thema: Alle sind bei Gott willkommen

Gott,
wir dürfen alle zu dir kommen.
In deinem Haus ist jede und jeder willkommen.
Junge und Ältere, Kleine und Große. Dafür danken wir dir.
Lass uns verstehen, was wir heute von dir hören.
Lass deine Worte für uns zu einem Schatz werden,
den wir dankbar in unseren Alltag mitnehmen.
Alle: Amen.

Schlussgebet

Thema: Gott hilft zu einem guten Miteinander

Gastfreundlicher Gott,
deine Tür steht immer offen.
Deshalb kommen wir mit unseren Bitten zu dir:
Hilf uns, aufeinander zu achten und zu sehen,
was die anderen gerade brauchen.
Wenn wir uns gestritten haben,
zeige uns, wie wir uns wieder versöhnen.
Lass die Erwachsenen erkennen,
dass Kinder manchmal auch Zeit für sich brauchen.
Lass die Kinder verstehen,
dass die Erwachsenen es oft gut meinen,
wenn das, was sie sagen, nach Ärger klingt.
Schenke uns die richtigen Worte füreinander.
Gib du uns helfende Hände füreinander.
Lass uns immer wieder spüren, dass du uns nahe bist.
Alle: Amen.

Tobias Zeeb

Musik tut gut!

Für die ganze Reihe

Vorüberlegungen

Musik spielt in den Geschichten dieser Themenreihe eine wichtige Rolle – wie sie das auch im Leben der Kinder tut.
Kinder singen und tanzen gern, einige lernen bestimmt (mehr oder weniger gern) ein Instrument. Dass uns Musik trösten, beruhigen und motivieren kann, haben viele Kinder bestimmt auch schon am eigenen Leib erlebt. Gute Gefühle und Stimmungen, die durch Musik bestärkt werden, sind bei ihnen bekannt und beliebt.

Votum

Wenn wir gemeinsam Gottesdienst feiern, dann tun wir dies
im Namen Gottes,
den wir loben und preisen für seine Welt,
in der er uns leben lässt.
Im Namen Jesu,
den wir loben und preisen für seine Freundschaft,
mit der er uns begleitet.
Und im Namen des Heiligen Geistes,
den wir loben und preisen für seine Nähe,
die wir in der Not spüren.
Alle: Amen.

Psalm *(Psalm 150, KuS 680)*

Halleluja! Lobet Gott in seinem Heiligtum,
lobt ihn in der Feste seiner Macht!
Lobet ihn für seine Taten.
Lobet ihn in seiner großen Herrlichkeit!
Lobt ihn mit Posaunen,
lobet ihn mit Psalter und Harfen!
Lobet ihn mit Pauken und Reigen,
lobet ihn mit Saiten und Pfeifen!
Lobet ihn mit hellen Zimbeln,
lobet ihn mit klingenden Zimbeln!
Alles, was Odem hat, lobe den Herrn!
Halleluja!

Themenlieder

In dieser Reihe bietet es sich an, die Lieder von den Kindern mit Rhythmusinstrumenten begleiten zu lassen.

Lieder mit einfachem Kehrvers

Hier brauchen die Kinder weniger auf den Text achten und können sich mehr auf ihr Instrument konzentrieren.

- Wenn einer sagt: „Ich mag dich, du" (KuS 470, MKL 1-100)
- Laudato si (KG 170, KKL 105, KuS 632, MKL 1-58)

Lieder, die in Abschnitte teilbar sind

Hier können sich verschiedene Instrumente/Instrumentengruppen abwechseln.

- Hallelu-, Halleluja (KG 193, KuS 226, MKL 1-49)
- Du bist da, wo Menschen leben (KKH 28, KKL 37, KuS 476, MKL 1-42)

Lieder mit langen Texten

Vor allem jüngere Kinder, die den Text nicht lesen können, begleiten hier mit Instrumenten (evtl. strophenweise abwechseln).

- Ins Wasser fällt ein Stein (KG 151, KKL 78, KuS 440, MKL 1-55)
- Meinem Gott gehört die Welt (KG 152, KuS 462)

Segen

Gott ist bei dir mit seinem Segen.
Mit wunderschönen Tönen begleitet er dich auch in der kommenden Zeit.
Er begleite dich, wenn du traurig bist.
Er begleite dich, wenn dir der Mut fehlt.
Er begleite dich, wenn du vor Freude jubelst und laut singst.
So geh nun getrost in die kommende Zeit
und sei gewiss: Gott geht mit!
Alle: Amen.

Singen vor Freude über die Rettung (2. Mose 15,1–21)

Wochenspruch

Wem viel gegeben wurde, von dem wird viel verlangt. Und wem viel anvertraut wurde, von dem wird umso mehr gefordert. (Lukas 12,48)

Eingangsgebet

Thema: Gott loben mit Musik

Guter Gott,
wir wollen zusammen Gottesdienst feiern.
Wir danken dir für diesen Sonntag und loben dich.
Mit unseren Gebeten loben wir dich dafür, dass du uns stets beschützt.
Mit unseren Liedern jubeln wir dir zu
und preisen dich für all die schönen Dinge,
die du mit uns auf diese Welt gestellt hast.
Wir sind froh und dankbar, dass du mit uns diesen Gottesdienst feierst.
Alle: Amen.

Schlussgebet

Thema: Schweres durchstehen

Guter Gott,
viele Menschen haben es schwer in ihrem Leben.

Wir bitten dich für die, die krank sind.
Schenke ihnen das Vertrauen, dass diese Zeit vorbei geht,
und die Hoffnung, dass sie wieder gesund werden.

Wir bitten dich für die, die traurig sind.
Lass sie durch andere Menschen Trost finden.
Schenke ihnen die Erfahrung, auch wieder fröhlich sein zu können.

Wir bitten dich für die, die in Gefahr sind.
Lass sie spüren, dass du sie begleitest
und dass sie am Ende wieder jubeln können.
Alle: Amen.

Musik tut der Seele gut – David spielt für Saul (1. Samuel 16,14–23)

Wochenspruch

Glücklich das Volk, dessen Gott der Herr ist – das Volk, das er als Eigentum erwählt hat! (Psalm 33,12)

Eingangsgebet

Thema: Fröhlicher Gottesdienst

Guter Gott,
wir wollen zusammen Gottesdienst feiern.
Wir danken dir, für diesen Sonntag und loben dich.
Es tut gut, zu wissen: Hier können wir fröhlich sein.
Unsere Sorgen können wir abgeben,
unsere Traurigkeit ist bei dir gut aufgehoben.
Nun feiern wir miteinander einen fröhlichen Gottesdienst.
Wir freuen uns, dass du dabei bist.
Alle: Amen.

Schlussgebet

Thema: Froh werden

Guter Gott,
wenn Menschen traurig sind, schicke ihnen jemanden,
der sie tröstet und ihnen Mut macht.
Wenn Menschen wütend sind, schicke ihnen jemanden,
der die richtigen Worte findet und sie beruhigt.
Hilf uns, zu erkennen, wie wir anderen helfen können,
denen es nicht gut geht.
Gib uns gute Worte und Ideen, ihnen zu helfen
und sie wieder froh zu machen.
Alle: Amen.

Singen in der Not befreit – Paulus und Silas im Gefängnis (Apostelgeschichte 16,23–40)

Wochenspruch

Gott stellt sich den Hochmütigen entgegen, aber den Bedürftigen schenkt er seine Gnade. (1. Petrus 5,5)

Eingangsgebet

Thema: Gott loben und preisen

Guter Gott,
wir wollen zusammen Gottesdienst feiern.
Wir danken dir für diesen Sonntag und loben dich.
So viele Dinge hast du uns geschenkt:
Den Himmel, die Blumen, die Tiere und die Menschen um uns herum.
Dafür sind wir dankbar und preisen dich.
Wir preisen dich für unser Leben, das du uns gegeben hast.
Lass uns nun gemeinsam feiern und dich mit unseren Liedern preisen.
Alle: Amen.

Schlussgebet

Thema: Gott ist bei uns.

Guter Gott,
hilf uns, nicht zu vergessen, dass du uns niemals alleine lässt.
Zeige uns, dass du da bist.
Dass du es gut mit uns meinst, auch wenn wir es schwer haben.

Die Kinder können nun selbst Vorschläge machen, in welchen Situationen uns Gott seine Nähe besonders spüren lassen soll (z. B.:

Lass uns deine Nähe spüren, wenn wir uns allein fühlen.
Lass uns deine Nähe spüren, wenn wir traurig sind.
Lass uns deine Nähe spüren, wenn wir uns einsam fühlen.
Lass uns deine Nähe spüren, wenn wir Angst haben.
Lass uns deine Nähe spüren, wenn wir fröhlich sind.

Alle: Amen.

Miriam Brandmaier

Mitmensch sein

Für die ganze Reihe

Gestaltungsvorschlag

Wenn es um das Miteinander geht, bietet sich der Kreis als Gestaltungsform an. Darum ist es schön, wenn die Kinder während der drei Gottesdienste im Kreis um eine gestaltete Mitte sitzen können. In dieser Mitte liegt ein rotes Tuch, das wie ein Herz geformt wird, darum herum ein Seil in Kreisform. (Das Seil sollte so lang sein, dass es am letzten Sonntag um den ganzen Kinderkreis herum reicht.)
In die Mitte werden Sonntag für Sonntag die Mit-Menschen (je nach kreativer Gestaltung als Figuren, Bilder ...) geholt, die an den einzelnen Sonntagen im Gespräch sind.

Psalmgebet *(nach Psalm 133)*

I. Seht, wie schön es ist,
wenn Menschen beisammen wohnen
wie Bruder und Schwester.

II. Niemand ist allein auf der Welt.
Mit vielen Mit-Menschen lebe ich zusammen.
Und das ist gut so!
Denn nur für sich allein kann niemand leben.

Allen Mitmenschen schenkt Gott seinen Segen:
Er verheißt Leben bis in alle Zukunft.

I. Seht, wie schön es ist,
wenn Menschen beisammen wohnen
wie Bruder und Schwester.

II. Zuhause wartet meine Familie auf mich.
Ich habe Freundinnen und Freunde.
Wir können viel zusammen machen.
Das macht Spaß!

Allen Mitmenschen schenkt Gott seinen Segen:
Er verheißt Leben bis in alle Zukunft.

I. Seht, wie schön es ist,
wenn Menschen beisammen wohnen
wie Bruder und Schwester.

II. Wenn ich traurig bin, werde ich getröstet.
Wenn ich Hilfe brauche, wird mir geholfen.
Wenn ich verletzt bin, werde ich versorgt.
Auch ich kann andere trösten, ihnen helfen und beistehen.

Allen Mitmenschen schenkt Gott seinen Segen:
Er verheißt Leben bis in alle Zukunft.

I. Seht, wie schön es ist,
wenn Menschen beisammen wohnen
wie Bruder und Schwester.

II. Die Menschen auf der ganzen Welt
sind meine Schwestern und Brüder.
Wenn sie leiden, fühle ich mit ihnen.
Ich versuche zu helfen, wo ich kann.

Allen Mitmenschen schenkt Gott seinen Segen:
Es verheißt Leben bis in alle Zukunft.

I. Seht, wie schön es ist,
wenn Menschen beisammen wohnen
wie Bruder und Schwester.

II. Alle Menschen sind deine Kinder, Gott,
und du willst, dass sie in Frieden zusammenleben.
Wir alle sind gleich wichtig und wertvoll –
egal, wer wir sind und woher wir kommen.

Allen Mitmenschen schenkt Gott seinen Segen:
Er verheißt Leben bis in alle Zukunft.

Ehr sei den Vater und dem Sohn und dem Heiligen Geist …
Alle: Amen.

Themenlied für die ganze Reihe:

Gut, dass wir einander haben (Kus 294)

Segen

Alle stehen im Kreis.

Gott, segne und behüte uns.
Er gebe uns Ohren, die hören, *Hände hinter die Ohren halten*
und Augen, die sehn, *Hände über die Augen halten*
und ein weites Herz, *Hände übereinander auf das Herz legen*
andre zu verstehn. *Hände mit geöffneten Handflächen nach vorne strecken*
So sind wir alle eins in Jesus Christus, *mit beiden Händen einen Kreis malen*
der uns miteinander verbunden hat *einander an den Händen halten*
und uns Frieden schenkt. *Hände drücken*

Alle singen mehrmals den Kanon „Deine Hand in meiner Hand“ und bewegen sich dazu im Kreis (s. Seite 66).

Kanon für 2 Stimmen: Deine Hand in meiner Hand

Text: Eugen Eckert; Musik: Alejandro Veciana; © Strube Verlag, München

Wer ist mein Mitmensch? (Lukas 10,25–37)

Wochenspruch

Ein geknicktes Schilfrohr zerbricht er nicht. Einen glimmenden Docht löscht er nicht aus. (Jesaja 42,3)

Eingangsgebet

Thema: Ich bin nicht allein

Lieber Gott,
wie schön ist es, dass ich nicht allein auf der Welt bin!
Zu Hause ist meine Familie um mich herum.
In der Schule sind meine Mitschülerinnen und Mitschüler da.
In meiner Freizeit spiele ich mit meinen Freundinnen und Freunden.
Überall begegnen mir Menschen, die mit mir verbunden sind.
Jetzt gerade bin ich mit anderen zusammen im Gottesdienst.
Wir feiern und beten, spielen und singen zusammen.
Wir alle sind deine Kinder, und du, Gott, bist mitten unter uns.
Alle: Amen.

Schlussgebet

Thema: Ich bekomme Hilfe

Guter Gott,
wie oft hat mir schon jemand geholfen!
Wenn ich traurig war, war jemand da, der mich getröstet hat.
Wenn ich aufgeregt war, hat mich jemand beruhigt.
Wenn ich in der Schule etwas nicht verstanden habe,
gab es jemanden, der mir erklärt hat, wie es geht.
Wenn ich mich verletzt habe, hat jemand eine Hilfe geholt.
Wenn ich hingefallen bin, hat mir jemand aufgeholfen.
Manchmal haben mir sogar Menschen geholfen, die ich gar nicht kannte.

Danke für alle Hilfe, die ich bekommen habe!
Auch du, lieber Gott, bist immer für mich da.
Dir kann ich sagen, was mich ängstigt und bedrückt.
Ich kann dich um Kraft und Mut bitten.
Danke, dass du immer bei mir bist!
Alle: Amen.

Mitmensch kann jede und jeder sein (Lukas 10,27)

Wochenspruch

Christus spricht: Was ihr für einen meiner Brüder oder meiner Schwestern getan habt – und wenn sie noch so unbedeutend sind –, das habt ihr für mich getan. (Matthäus 25,40)

Eingangsgebet

Thema: Ich freue mich, wenn ich helfen kann

Guter Gott,
ich freue mich, wenn ich jemandem helfen kann:
In meiner Familie, im Kindergarten und in der Schule.
Oder einfach einem fremden Menschen, der gerade Hilfe braucht.
Wenn ich jemandem geholfen habe, fühle ich mich richtig gut.

Manchmal fällt es mir aber auch schwer, zu helfen:
Wenn ich müde bin und keine Lust dazu habe.
Wenn ich den, der meine Hilfe braucht, nicht mag.
Wenn ich gerade nicht gestört werden will.

Oft tut es mir hinterher leid,
dass ich unfreundlich und abweisend war.
Lieber Gott, mach mich zu einem Mitmenschen,
der anderen gerne hilft, wo er kann!
Alle: Amen.

Schlussgebet

Thema: Wer ist da, wenn Hilfe nötig ist?

Guter Gott,
ich bitte dich für die Menschen,
die am Boden sind, weil ihnen etwas Schlimmes zugestoßen ist:
Dass jemand kommt und ihnen wieder auf die Beine hilft.

Ich bitte dich für die, die anderen in Not begegnen:
Dass sie nicht einfach daran vorbeigehen,
sondern helfen, so gut sie es können.

Ich bitte dich für mich selbst:
Dass ich auf andere achte, mit ihnen fühle
und spüre, wie ich helfen kann.
Und ich bitte dich um den Mut, es auch zu tun.
Alle: Amen.

Wir gehören zusammen (Galater 3,26–28)

Wochenspruch

Lobe den Herrn, meine Seele! Und vergiss nicht das Gute, das er für dich getan hat. (Psalm 103,2)

Eingangsgebet

Thema: Für Gott sind alle wichtig

Lieber Gott,
die Menschen sind so verschieden!
Keiner sieht genauso aus wie der andere.
Alle haben unterschiedliche Begabungen.
Es gibt Alte und Junge, Reiche und Arme, Mädchen und Jungen,
Ängstliche und Mutige, Starke und Schwache.
Du beurteilst die Menschen nicht nach dem,
was sie haben oder darstellen.
Für dich sind alle gleich wichtig und wertvoll.
Sie sind wie eine große und bunte Familie.
Die Menschen sind so verschieden – und das ist wunderbar!
Alle: Amen.

Schlussgebet

Thema: Gut, dass wir einander haben

Guter Gott,
mit all unseren Begabungen und Stärken,
mit all unseren Schwächen und Fehlern
gehören wir bei dir so zusammen,
als wären wir ein einziger Mensch.
Es ist so gut, dass wir einander haben!
Denn niemand von uns kann alles und hat alles,
ist immer mutig und stark, fröhlich und zufrieden.
Wir können teilen, was wir haben:
Unsere Sorgen, unsere Freuden, unsere Kräfte, unsere Not.
Wenn wir so zusammen unterwegs sind,
bist du, Gott, mitten unter uns.
Alle: Amen.

Birgit Brügge

Seht auf die Kleinen

Für die ganze Reihe

Votum

Drei Kerzen oder eine Dreidochtkerze werden bereitgestellt.

Gott hat jeden von uns nach seinem Bild geschaffen.
Das Licht des Schöpfers leuchtet uns.
1. Kerze/1. Docht entzünden

Gott kam in die Welt als Mensch unter Menschen für Klein und Groß.
Das Licht Jesu leuchtet uns.
2. Kerze/2. Docht entzünden

Gott ist unter uns und schafft Liebe und Gerechtigkeit.
Das Licht der Heiligen Geistkraft leuchtet uns.
3. Kerze/3. Docht entzünden
Alle: Amen.

Psalmgebet (nach Psalm 9,2–10, i. A.)

Kehrvers: Gott wird den Erdkreis richten mit Gerechtigkeit.
Den Kehrvers sprechen alle. Dabei wird mit den Armen jeweils der Erdkreis nachgezogen.

Ich danke dir Gott von ganzem Herzen
und erzähle alle deine Wunder.
Ich freue mich und lobe deinen Namen.

Kehrvers: Gott wird den Erdkreis richten mit Gerechtigkeit.

Die Böses wollten, mussten vor dir zurückweichen.
Du kümmerst dich um mein Recht und meine Sache.
Du bist ein gerechter Richter.

Kehrvers: Gott wird den Erdkreis richten mit Gerechtigkeit.

Er wird die Völker regieren, wie es recht ist.
Gott ist der Schutz der Armen,
ein Schutz in Zeiten der Not.

Kehrvers: Gott wird den Erdkreis richten mit Gerechtigkeit.

Wer dich kennt, hofft auf dich, Gott.
Die dich suchen, verlässt du nicht.

Ehr sei den Vater und dem Sohn und dem Heiligen Geist …
Alle: Amen.

Themenlied

Gib uns Ohren, die hören (KKH 3, KKL 64, KuS 496, LH 1-25, MKL 2-38)

Segen

Gott stärke dir den Rücken und mache dir Mut.
Gott öffne deine Augen und Ohren für andere.
Gott schenke dir die richtigen Worte.

So segne dich Gott Vater, Sohn und Heiliger Geist.
Alle: Amen.

„Seht auf die Kleinen“ – Kinder haben Rechte (Matthäus 19,13–15)

Wochenspruch

Alle eure Sorge werft auf ihn, denn er sorgt für euch. (1. Petrus 5,7)

Eingangsgebet

Thema: Für Gott ist niemand zu klein.

Guter Gott,
bei dir sind alle willkommen. Du siehst jeden von uns.
Niemand ist für dich zu klein.
Wir freuen uns, dass du immer bei uns bist.
Danke, dass du jede von uns liebst und hörst, was wir dir sagen.
Wir wollen auch hören, was du sagst. Darum sind wir heute hier.
Alle: Amen.

Schlussgebet

Thema: Für die Kinder auf der ganzen Welt

Gott,
wir bitten dich für Kinder hier und auf der ganzen Welt.
Wir kennen Kinder aus ... *(Länder einsetzen)*
Wir beten auch für die Kinder in Ländern, die wir nicht kennen.
Gib ihnen und uns genug zu essen, sauberes Wasser und gute Luft.
Gib ihnen und uns ein sicheres Zuhause
und einen Platz zum Spielen.
Gib ihnen und uns die Möglichkeit, zur Schule zu gehen
und etwas zu lernen.
Gib ihnen und uns Menschen, die für sie sorgen,
auf sie aufpassen und für sie da sind.
Schenke jedem einen Freund oder eine Freundin.
Schütze uns alle vor Krieg und Gewalt.
Du bist für uns alle da. Dafür danken wir dir.
Alle: Amen.

Hunger nach Gerechtigkeit – Malala Yousafzal (Matthäus 5,6–10)

Wochenspruch

Christus Jesus hat den Tod besiegt und durch die Gute Nachricht unvergängliches Leben ans Licht gebracht. (2. Timotheus 1,10b)

Eingangsgebet

Thema: Unrecht ist überall

Guter Gott,
manchmal fühle ich mich ungerecht behandelt.
Manchmal tue ich auch Dinge, die nicht richtig sind.
Überall auf der Welt geschieht Unrecht.
Was kann ich tun? Was tust du? Hilf mir, den richtigen Weg zu finden.
Alle: Amen.

Schlussgebet

Thema: Was selig macht

Jesus Christus, du willst, dass Menschen einander Gutes tun.
Und du hast uns gesagt, was selig macht. Darum bitten wir dich:

Hilf uns, Gutes übereinander zu sagen und uns gegenseitig zu helfen.
Lass nicht zu, dass immer die Lauten gewinnen.
Zuerst eine/r, dann alle: Selig sind die Sanftmütigen.

Hilf denen, die sich darum bemühen, dass es gerecht auf der Welt zugeht.
Zuerst eine/r, dann alle: Selig sind die Sanftmütigen.

Sei bei allen, die Menschen in Not helfen und die andere pflegen.
Zuerst eine/r, dann alle: Selig sind die Sanftmütigen.

Hilf uns, nichts Böses über andere zu denken.
Zuerst eine/r, dann alle: Selig sind die Sanftmütigen.

Hilf allen, die sich dafür einsetzen, dass Kriege beendet werden.
Zuerst eine/r, dann alle: Selig sind die Sanftmütigen.

Steh den Leuten bei, die ins Gefängnis kommen,
weil sie darauf hinweisen, was nicht richtig ist.
Zuerst eine/r, dann alle: Selig sind die Sanftmütigen.

Jesus Christus, hilf uns und allen, die sich dafür einsetzen.
Zuerst eine/r, dann alle: Selig sind die Sanftmütigen.

22. September 2024 17. Sonntag nach Trinitatis

„Öffne deinen Mund“ – Kinder erheben ihre Stimme (Sprüche 31,8.9)

Wochenspruch

Es ist unser Glaube, der diese Welt besiegt hat.
(1. Johannes 5,4)

Eingangsgebet

Thema: Wer hört mir zu?

Guter Gott,
ich bin noch klein, aber ich habe viel zu sagen.
Oft hören die Erwachsenen nicht zu. Das ärgert mich.
Aber oft hören sie auch zu. Das ist gut.
Du hörst mich immer. Ich danke dir dafür.
Alle: Amen.

Schlussgebet

Thema: Für die Stummen und Schwachen

Guter Gott, du hast gesagt:
„Macht euren Mund auf für die Stummen und Schwachen.“
Darum wenden wir uns an dich mit unseren Gebeten:

Wir bitten dich für Klein und Groß,
dass wir einander zuhören und miteinander reden,
dass wir uns verstehen und füreinander da sind. Wir rufen zu dir:
Alle: Gott, erbarme dich.

Wir bitten dich, Gott, für alle die krank oder einsam sind.
Gib ihnen Kraft und Mut.
Schicke ihnen Menschen, die helfen können. Wir rufen zu dir:
Alle: Gott, erbarme dich.

Wir bitten dich, Gott, für die Menschen,
die sich fürchten müssen, weil sie in Gefahr sind.
Halte deine Hände schützend über sie. Wir rufen zu dir:
Alle: Gott, erbarme dich.

Guter Gott, lass überall auf der Welt Frieden einkehren.
Schaffe Gerechtigkeit und Versöhnung. Wir rufen zu dir:
Alle: Gott, erbarme dich. Amen.

Ines Fetzer

Gottes Fürsorge

Für die ganze Reihe

Vorüberlegungen

Gottes Fürsorge erweist sich im Alltag. Erst wenn uns etwas fehlt, wird uns bewusst, wie reich wir mit Gütern und Gaben beschenkt sind.
Gott, der Schöpfer, ist nicht nur der, der am Anfang war und alles ins Dasein rief., er ist auch derjenige, der die Welt und alles, was atmet, erhält. Gottes Fürsorge erhält die Welt. Wir sind eingeladen, an Gottes Fürsorge für die Welt teilzuhaben, indem wir füreinander sorgen: Eltern für Kinder, Ärztinnen für Patienten, Lehrer für Schülerinnen, Köchinnen für Gäste, Aktivisten fürs Klima.
Gottes Fürsorge hilft uns auch, gelassen zu bleiben. Das Wort Jesu „Sorgt nicht!" darf nicht als Appell missverstanden werden. Es ist zusammen mit der Aussage „Euer Vater im Himmel weiß doch, dass ihr das alles braucht" (Matthäus 6,32) ein ermutigender Zuspruch.
Fürsorge ist Sorge für Leib und Seele. Beide Dimensionen gehören unlöslich zusammen. Sowohl in der Brotvermehrungsgeschichte wird dieser Zusammenhang herausgestellt („Sie sind nun schon drei Tage bei mir und haben nichts zu essen", Markus 8,2) als auch in den Worten der Bergpredigt („Ist das Leben nicht mehr als Essen und Trinken?", Matthäus 6,25).

Votum

Gott sorgt für mich. Gott sorgt für dich. Gott sorgt für alle.
Für mich. Für dich. Für alle ist Gott da.
In Gottes Namen feiern wir Gottesdienst.
Er macht uns satt an Leib und Seele.
Alle: Amen.

Psalmgebet

Kehrvers: Gott sorgt für mich. Gott sorgt für dich. Gott sorgt für alle.

I. Spielen und toben macht Spaß.
Danke, dass ich Freundinnen und Freunde habe.
II. Ausruhen und faulenzen ist auch wichtig.
Danke, dass ich Zeit für mich allein habe.

Kehrvers: Gott sorgt für mich. Gott sorgt für dich. Gott sorgt für alle.

I. Wenn ich Hunger habe, kann ich essen.
Danke für Pommes, Pasta und Paprika.
II. Wenn ich müde bin, will ich schlafen.
Danke, dass ich ein weiches Kissen habe.

Kehrvers: Gott sorgt für mich. Gott sorgt für dich. Gott sorgt für alle.

I. Ich möchte platzen vor Glück.
Danke, dass ich dir sagen kann, was mich glücklich macht.
II. Ich könnte platzen vor Wut.
Danke, dass du hörst, was mich wütend macht.
Kehrvers: Gott sorgt für mich. Gott sorgt für dich. Gott sorgt für alle.

I. Manchmal habe ich Angst.
Danke, dass du mich mit meiner Angst nicht allein lässt.
II. Manchmal mache ich mir auch Sorgen.
Danke, dass ich auch damit zu dir kommen darf.
Kehrvers: Gott sorgt für mich. Gott sorgt für dich. Gott sorgt für alle.

I. Ich habe ein Zuhause.
Danke für die Menschen, die für mich sorgen.
II. Das Leben ist schön. Du hast es schön gemacht.
Danke, Halleluja!
Kehrvers: Gott sorgt für mich. Gott sorgt für dich. Gott sorgt für alle.

Ehr sei den Vater und dem Sohn und dem Heiligen Geist ...
Alle: Amen.

Kleine Meditation und Atemübung

Ich lade euch ein, eine kleine Übung mit mir zu machen.
Setzt euch dazu bequem auf euren Stuhl.
Achtet auf euren Atem: Wie atmet ihr ein? Wie atmet ihr aus?
Ein und wieder aus. Ein ... und aus.
Wer kann, schließt die Augen.
Achtet weiter auf euren Atem: Ein ... und aus.
Beim Einatmen sagt in eurem Kopf vor euch hin: „Gott sorgt ..."
und beim Ausatmen: „... für mich."

Gott sorgt ...
... für mich.
Den Kindern etliche Atemzüge dafür Zeit lassen.

Dann, als Abschluss:
Danke, Gott, dass du für uns sorgst.

Atmet noch einmal kräftig ein und aus.
Spannt eure Muskeln an. Und öffnet wieder die Augen.

Versorgt und gesättigt (Markus 8,1–9)

Wochenspruch

Dieses Gebot hat uns Gott gegeben: Wer ihn liebt, soll auch seine Geschwister lieben. (1. Johannes 4,21)

Eingangsgebet

Thema: Gottes Fürsorge

Lieber Gott, danke für den neuen Tag. Wir sind dir wichtig.
Du sorgst für uns, wie gute Eltern für ihre Kinder sorgen.
Deine Kinder sind wir und du kümmerst dich um uns.
Davon hören wir in den Geschichten der Bibel.
Und von deiner Liebe singen wir mit unseren Liedern.
Es tut so gut, dass du da bist.
Alle: Amen.

Brotritual

In einer Scheibe Brot steckt viel Arbeit und Liebe.
Jesus teilt das Brot. Und alle werden satt.
Doch wir wissen auch: Satt wird nur der Bauch.
Wir brauchen aber mehr. Auch die Seele braucht Nahrung.
Das ist das, was uns glücklich sein lässt.
Was uns Hoffnung schenkt. Was uns zufrieden macht.
Jesus gibt beides: Brot für den Bauch. Und Brot für die Seele.
Ich breche euch nun ein Stück Brot ab und gebe es euch.
Nehmt euch Zeit beim Kauen und Essen. Spürt, wie gut Gott zu euch ist.
Jedes Kind erhält mit dem Stück Brot den Zuspruch:
NN, Gott sorgt für dich!

Schlussgebet

Thema: Damit alle satt werden …

Lieber Gott, du schenkst uns, was wir zum Leben brauchen.
Wir haben meistens genug. Ja, mehr als genug.
Dafür sagen wir dir danke.
Viele Menschen haben zu wenig:
Zu wenig zu essen und zu wenig Kleidung.
Zu wenig Liebe und zu wenig Frieden.
Du willst, dass alle satt werden. Niemand soll hungrig sein.
Lass uns die Menschen sehen, die zu wenig haben.
Hilf uns zu teilen, wie Jesus geteilt hat.
Mit jedem Teilen möge ein bisschen mehr Himmel auf Erden werden.
Alle: Amen.

6. Oktober 2024 19. Sonntag nach Trinitatis

Dankbar und unbeschwert (Matthäus 6,25–34)

Wochenspruch

Heile mich, Herr, dann bin ich geheilt! Hilf mir, dann ist mir geholfen. (Jeremia 17,14)

Eingangsgebet

Thema: Gottes Fürsorge

Lieber Gott, danke für den neuen Tag. Wir sind dir wichtig.
Du sorgst für uns, wie gute Eltern für ihre Kinder sorgen.
Deine Kinder sind wir und du sorgst für uns.
Weil du für uns sorgst, brauchen wir uns keine Sorgen machen.
Es tut so gut, dass du da bist.
Alle: Amen.

Lied

Er hört dein Gebet (EG WUE 618, Feiert Jesus! 1,92)

Sorgen-Loswerden-Gebet

Du sorgst für mich, Gott.
Ich brauche mir keine Sorgen machen.
Wenn die Sorgen dann doch mal groß werden,
dann sage ich sie dir und du hörst mich.
Du nimmst meine Sorgen an. Du nimmst sie mir weg.

Wir bringen nun unsere Sorgen vor Gott.
Jedes Kind malt oder schreibt für sich auf ein Blatt Papier, was es beschäftigt, worüber es sich Sorgen macht, was es Gott sagen will. Betonen, dass nur Gott davon erfährt. Wer fertig ist, faltet sein Blatt zusammen.
(Für das Malen und Schreiben genügend Zeit einplanen.)

Anschließend gehen alle ins Freie. Dort ist ein feuerfestes Behältnis vorbereitet.
Darin wird ein kleines Feuer gemacht.

Unser Sorgen nimmst du weg, Gott.
Du machst uns frei.
Danke, dass du für uns sorgst.
Dann können die Kinder ihr Sorgenblatt verbrennen.

Markus Grapke

Noah – eine Geschichte vom Bewahrtwerden

Für die ganze Reihe

Votum

In Gottes Namen sind wir hier zusammengekommen,
in seinem Namen sind wir beieinander und feiern:
Im Namen des Vaters, des Sohnes und des Heiligen Geistes.
Alle: Amen.

Eingangsgebet *(für die ganze Reihe)*

Thema: Was mich bedroht

Dunkelblaue, wellenförmig zugeschnittene Papierstreifen liegen bereit. Darauf können die Kinder schreiben oder malen, was ihnen Sorge und Not macht.

Manchmal ist das Leben schön und gut.
Aber manchmal haben wir auch große Sorgen.
Manchmal haben wir sogar richtig Angst.
Dann ist es, wie wenn Wellen auf uns einstürmen.

Macht euch eine Minute Gedanken, was das für „Wellen" sein könnten, was euch Angst und Sorge macht. Wenn ihr mögt, nehmt euch eine oder zwei Wellen und schreibt oder malt darauf, was ihr bedrohlich findet.

Genügend Zeit dafür lassen. Anschließend:

Wir wollen Gott nun sagen, was uns Angst und Sorge macht. Dazu könnt ihr eure Wellen am Kreuz (Altar/in der Mitte) ablegen. Wer mag, kann laut sagen, was auf der Welle/den Wellen steht oder gemalt ist. Wer mag, kann die Welle/n still ablegen.

Kinder und Mitarbeitende legen nacheinander Wellen ab.

Gott, unser Vater, wir bitten dich, dass du uns anhörst:
Manchmal haben wir große Angst.
Wir machen uns Sorgen um uns und um andere.
Bitte pass auf uns auf!
Beschütze uns und die anderen,
dass die Wellen des Lebens uns nicht unterkriegen.
Alle: Amen.

Gebet *(nach Psalm 27 von Andreas Lorenz, KuS 652)*

Gott ist mein Licht und mein Schutz.
Vor wem sollte ich mich fürchten?

I Gott ist die Kraft in meinem Leben.
Was mir Angst macht, wird ganz klein.

II Bei ihm kann ich mich verstecken,
wenn andere mir Böses wollen.

Gott ist mein Licht und mein Schutz.
Vor wem sollte ich mich fürchten?

I Er hört mich, wenn ich nach ihm rufe.
Er hat versprochen, mir zu helfen.

II Gott möchte ich vertrauen.
Was mir Angst macht, wird ganz klein.

Gott ist mein Licht und mein Schutz.
Vor wem sollte ich mich fürchten?

Themenlied

Da steht am Himmel ein Bogen (s. Seite 81)
Mögliche Singfolge: Strophe 1, Strophe 2, Refrain, Strophe 3, Refrain (2 x).

Strophe 1:
Unter den Noten

Stophe 2:
Auf den Wellen schwimmt ein Kasten,
trägt Menschen, Tiere, schwere Lasten.
Endlich gibt das böse Wasserflutgetöse
unsre Erde wieder frei.

Stophe 3:
Sind wir voller Angst geflohen
vor dunklen Wolken, die uns drohen
– Gott lässt uns am Leben, hat sein Wort gegeben,
dass die Welt nicht untergeht.

Themenlied „Da steht am Himmel ein Bogen“

Text und Melodie: Frank Widmann

Noah und die Arche – Gott bewahrt (1. Mose 6,5–8,13)

Wochenspruch

Es wurde dir gesagt, Mensch, was gut ist, und was der Herr von dir erwartet: Das Rechte tun, Nachsicht mit anderen haben und bewusst den Weg mit deinem Gott gehen. (Micha 6,8)

Eingangsgebet

(S. „Eingangsgebet für die ganze Reihe", Seite 79)

Schlussgebet

Thema: Bewahrt werden

Vater im Himmel,
du hast Noah mit seiner Familie gerettet.
Und die ganzen Tiere.
Du hast sie alle in der Arche geschützt vor dem Getöse und vor der Gefahr.
Wir bitten dich heute um deinen Schutz.

Schütze uns, wenn wir alleine sind.
Und wenn wir uns verlaufen haben.
Schick uns jemanden, der auf uns aufpasst.

Pass auf unsere Seele auf, wenn jemand gemein zu uns ist.
Und wenn jemand uns wehtun möchte.
Halte dann schützend deine Hände um uns.

Bewahre uns, wenn es Nacht wird,
wenn wir die Hoffnung verlieren,
wenn dunkle Gefahren uns das Vertrauen rauben wollen.
Sei du uns dann besonders nahe.
Alle: Amen.

Segen

Alle stehen im Kreis.
Gott der Herr schaue mit freundlichen Augen auf euch.
Ringsum einander anlächeln
Er gebe euren Schritten festen Stand.
Mit beiden Füßen fest aufstampfen
Er breite weit seine Arme um euch wie einen Mantel.
Arme weit zur Seite öffnen
So gehen wir. Und unser Gott geht mit.
Alle: Amen.

Ein neuer Anfang – Der Regenbogen (1. Mose 8,14–9,17)

Wochenspruch

Lass dich nicht vom Bösen besiegen, sondern besiege das Böse durch das Gute! (Römer 12,21)

Eingangsgebet

(S. „Eingangsgebet für die ganze Reihe", Seite 79)

Schlussgebet

Thema: Neu anfangen

Vater im Himmel,
du hast Noah und seiner Familie einen neuen Anfang geschenkt.
Und den ganzen Tieren.
Du hast sie alle in der Arche geschützt.
Du hast sie herausgeführt auf die trockene Erde.
Wir bitten dich für alle, die neu anfangen.

Geh mit allen, die neu im Kindergarten sind oder in der Schule,
dass sie Freude daran haben und sich entfalten können.

Geh mit allen, die woanders hinziehen müssen,
dass sie dort Freunde finden und sich gut einleben.

Geh mit allen, die aus ihrem Zuhause fliehen müssen,
dass sie eine Zuflucht finden, wo sie sicher sind.

Beschütze deine ganze Erde:
Die Erde und das Meer,
die Wellen und den Wind,
die Tiere und die Menschen.
Alle: Amen.

Segen

(S. „Segen", Seite 82)

Frank Widmann

Kraftquelle Psalmen

Für die ganze Reihe

Elemente zur Gestaltung

Für die Reihe

Material: Leintuch, Stoffmalfarben oder Textilstifte

Auf ein Leintuch wird in die Mitte ein großes Ohr gemalt. Der Bereich um das Ohr wird in drei gleichgroße Teile geteilt. An jedem Sonntag dürfen die Kinder in einen der Bereiche schreiben oder malen, was sie Gott sagen möchten im Blick auf ...

1. Sonntag: ... was sie ärgert, frustriert, nervt.
2. Sonntag: ... wofür sie um Hilfe bitten, Aufgaben, die bevorstehen.
3. Sonntag: ... wofür sie dankbar sind, welche Wunder es in ihrer Welt gibt.

In die Ohrmuschel kann der Kehrvers des Psalmgebets (s. Seite 85) geschrieben werden.

Für jeden Sonntag

Leid klagen: In einer Grillschale wird ein kleines Feuer gemacht. Die Kinder dürfen auf kleine Zettel schreiben oder malen, was sie ärgert, was sie frustriert oder nervt. Diese Zettel dürfen sie dann zerknüllen und ins Feuer werfen.

Um Hilfe bitten: Aus einem Schuhkarton wird ein Briefkasten gebastelt. Auf den Briefkasten kann der Kehrvers des Psalmgebets geschrieben werden. Die Kinder dürfen auf Briefpapier schreiben, für was sie Gott um Hilfe bitten möchten. Die Briefe werden dann in Briefumschläge gesteckt und von den Kindern versiegelt. Anschließend werfen die Kinder die Briefe in den Briefkasten.

Danken: Auf ein großes Plakat oder Leintuch das Wort „Danke" schreiben. Um dieses Wort herum dürfen die Kinder alles schreiben oder malen, wofür sie dankbar sind.

Wichtiger Hinweis: Dinge aufzuschreiben kann eine hilfreiche Form sein, die Gedanken zu formulieren und reflektieren. Bei den ersten beiden Methoden bleiben die geschriebenen Worte zwischen den Kindern und Gott. Im Vorfeld des Danke-Plakats mit den Kindern besprechen: a) Was soll anschließend mit dem Plakat passieren? b) Dinge können auch mehrfach notiert werden. c) Die Beiträge der anderen werden nicht kommentiert.

An das Plakat kann sich ein Gespräch anschließen, welche unterschiedlichen Gebetsformen und -möglichkeiten es gibt.

Votum

In der Mitte stehen drei Kerzen.

Gott, dir dürfen wir erzählen, wenn es uns nicht gut geht.

Die erste Kerze wird angezündet.

Gott, dich dürfen wir bitten, wenn wir Hilfe brauchen.

Die zweite Kerze wird angezündet.

Gott, dir dürfen wir danken für die schönen Sachen in unserer Welt.

Die dritte Kerze wird angezündet.

So beginnen wir diesen Kindergottesdienst in deinem Namen.
Gott der Vater, der Sohn und der Heilige Geist.
Alle: Amen.

Psalmgebet

Gott, du hörst uns zu. Mit dir können wir reden.

Gott, mit dir zu reden ist anders.
Manchmal fällt es mir leicht.
Manchmal fällt es mir schwer.
Ich kann meine eigenen Wörter benutzen.
Ich kann etwas auswendig lernen.
Aber egal, wie ich mit dir spreche, ich weiß:

Gott, du hörst uns zu. Mit dir können wir reden.

Gott, mit dir zu reden ist schwierig.
Ich ärgere mich über viele Sachen.
In der Schule, zu Hause, draußen.
Manchmal bin ich einfach nur genervt.
Ich denke dann: „Mir hört eh niemand zu
und niemand versteht mich."
Aber dann erinnere ich mich:

Gott, du hörst uns zu. Mit dir können wir reden.

Gott, mit dir zu reden ist einfach.
Wenn ich nicht mehr weiterweiß und zu viele Gedanken in meinem Kopf habe, dann kann ich beten.
Ich kann dir meine Gedanken leise sagen oder laut.
Und ich vertraue darauf:

Gott, du hörst uns zu. Mit dir können wir reden.

Gott, mit dir zu reden tut mir gut.
Ich kann dir sagen, was mich wütend macht,
ich kann dir sagen, was mich traurig macht.
Du hörst dir an, was ich brauche und wofür ich dankbar bin.
Bei dir sind meine Gedanken gut aufgehoben, denn:

Gott, du hörst uns zu. Mit dir können wir reden.

Ehr sei den Vater und dem Sohn und dem Heiligen Geist …
Alle: Amen.

Segen

Gott segnet dich.
Er segnet deine Wut und deine Hoffnung.
Er segnet deine Wünsche und deine Träume.
Er segnet deinen Dank und deine Freude.
Gott ist bei dir und begleitet dich. Darauf kannst du dich verlassen.
Alle: Amen.

27. Oktober 2024 — 22. Sonntag nach Trinitatis

Gott sein Leid klagen (Psalm 6,7–11)

Wochenspruch

Bei dir, Herr, liegt die Kraft der Vergebung. Dafür begegnet man dir mit Ehrfurcht. (Psalm 130,4)

Eingangsgebet

Thema: Ich darf auch mal wütend sein

Gott,
wir sind an diesem Sonntag zum Gottesdienst zusammengekommen
und dürfen dir in Stille erzählen, was wir erlebt haben.
Kurze Stille
Gott, du hörst unsere Gedanken und hilfst uns, Worte zu finden.
Es gibt Tage, da bin ich richtig wütend.
Niemand hört mir zu. Niemand interessiert sich für mich.
Niemand will hören, was mich ärgert.
Ich bin wütend auf meine Familie,
meine Freundinnen und Freunde,
und manchmal auch wütend auf dich, Gott.
Da will ich nichts von dir wissen und nichts von dir hören.
Trotzdem weiß ich, dass du mich liebhast.
Du bist für mich da und hältst meine Wut aus.
Dir darf ich alles sagen, Gott.
Du hörst unsere Gedanken und hilfst uns, Worte zu finden.
Alle: Amen.

Schlussgebet

Thema: Gott hat Geduld mit mir

Gott,
du hörst uns zu und bist bei uns.
Wenn wir wütend sind, hast du Geduld mit uns.
Bei dir dürfen wir heulen und schimpfen.
Du bist nicht beleidigt mit uns.
Und wenn wir wieder ruhiger werden,
hast du uns immer noch genau so lieb wie vorher.
Wir danken dir für deine Geduld.
Alle: Amen.

Gott um Hilfe bitten (Psalm 121)

Wochenspruch

Jesus Christus ist der König, der über alle Könige regiert, der Herr, der über allen Herren steht. Er allein besitzt Unsterblichkeit. Ihm gebührt Ehre und ewige Macht. (1. Timotheus 6,15.16)

Eingangsgebet

Thema: Auf Gottes Hilfe vertrauen

Gott,
wir sind an diesem Sonntag zum Gottesdienst zusammengekommen
und dürfen dir in Stille erzählen, was wir erlebt haben.
Kurze Stille
Gott, du hörst unsere Gedanken und hilfst uns, Worte zu finden.
Manchmal bin ich hilflos.
Ich habe das Gefühl, dass ich ganz alleine bin.
Ich weiß nicht, was ich machen soll
oder woher ich Hilfe bekomme.
Es gibt Tage, da sehe ich deine Hilfe nicht.
Aber ich vertraue darauf, dass du mir hilfst,
auch wenn ich es gar nicht merke.
Gott, du hörst unsere Gedanken und hilfst uns, Worte zu finden.
Alle: Amen.

Schlussgebet

Thema: Gott um Hilfe bitten

Gott,
du hörst uns zu und bist bei uns.
Bei dir dürfen wir sagen, was wir brauchen.
Wir müssen uns dafür nicht schämen
und dürfen dich immer um Hilfe bitten.
Ich weiß, dass du mich kennst und mir zur Seite stehst.
Auch wenn ich es nicht immer merke.
Hilf mir, deine Hilfe zu erkennen,
und steh mir auch in der nächsten Woche zur Seite.
Alle: Amen.

10. November 2024 Drittletzter Sonntag im Kirchenjahr

Gott danken für die Wunder, die er tut (Psalm 9,2.3)

Wochenspruch

Seht doch! Jetzt ist die rechte Zeit. Seht doch! Jetzt ist der Tag der Rettung. (2. Korinther 6,2)

Eingangsgebet

Thema: Dankbar für die wundervolle Welt

Gott,
wir sind an diesem Sonntag zum Gottesdienst zusammengekommen
und dürfen dir in Stille erzählen, was wir erlebt haben.
Kurze Stille
Gott, du hörst unsere Gedanken und hilfst uns, Worte zu finden.
Manchmal bin ich dankbar.
Ich bin einfach gut gelaunt
und freue mich über die schönen Dinge in meinem Leben.
Ich sehe liebe Menschen und bunte Lichter.
Es gibt so viele tolle Momente in deiner wundervollen Welt.
Gott, du hörst unsere Gedanken und hilfst uns, Worte zu finden.
Alle: Amen.

Schlussgebet

Thema: Gottes schöne Welt wahrnehmen

Gott,
du hörst uns zu und bist bei uns.
Du hast deine Welt so wunderbar gemacht.
Und du hast mich so wunderbar gemacht.
Lass mich auch nächste Woche immer wieder
die Schönheit in deiner Welt sehen und mich daran freuen.
Ich danke dir, dass es deine Welt gibt
und ich danke dir, dass es mich gibt.
Alle: Amen.

Matthias Keller

„Wohin gehst du?“

Abschied nehmen, trauern, Trost finden

Für die ganze Reihe

Votum

Wir sind versammelt im Namen Gottes, des Vaters.
Gott schenkt uns das Leben.
Darum singen wir:
(Strophe 1 von:) Du bist da, wo Menschen leben (KuS 476)

Wir sind versammelt im Namen Jesu.
Jesus hat uns mit seinem Leben gezeigt,
wie es gut werden kann für uns und für alle.
Darum singen wir:
(Strophe 3 von:) Du bist da, wo Menschen lieben (KuS 476)

Wir sind versammelt im Namen des Heiligen Geistes.
Gottes guter Geist verbindet uns und stärkt uns mit Zuversicht.
Darum singen wir:
(Strophe 2 von:) Du bist da, wo Menschen hoffen (KuS 476)

So feiern wir Gottesdienst im Namen Gottes,
des Vaters, des Sohnes, des Heiligen Geistes.
Alle: Amen.

Psalmgebet *(nach Psalm 90)*

(Von Brigitte Messerschmidt, angeregt durch Psalm 90 aus: „Dir kann ich alles sagen, Gott“, überarbeitete Ausgabe, Rhein. Verband f. Kindergottesdienst)

Die Bewegungen zum Kehrvers (eingerückt) langsam und ineinander übergehend vollziehen, entsprechend langsam sprechen.

> Gott, du bist da,
> *Arme nach vorne strecken*
> du warst da
> *Arme zu den Seiten ausbreiten*
> und du bleibst da.
> *beide Hände aufs Herz legen*
> Du bist Gott.
> *Arme nach oben strecken*

Schon immer versuchten die Menschen,
den Anfang von allem zu erforschen.
So viel erfahren wir von der Entstehung von Land und Wasser,
von Pflanzen, Tieren und Mensch.

Und wir erkennen:
Ehe diese Erde begann, warst du, Gott, schon da.
Gott, du bist da …

Gott, du hast uns in Leben gerufen.
Du schenkst uns jeden Tag, den wir erleben.
Tage voller Glück, die uns jubeln lassen.
Tage der Sorge und Angst, die uns verstummen lassen.
Tage des Abschieds, die uns weinen und trauern lassen.
Lass uns begreifen,
dass unsere Zeit ein winziges Teil deiner Ewigkeit ist.
Gott, du bist da …

Gott, das Leben ist begrenzt.
Manchmal scheint es nur mühsam und voller Arbeit zu sein.
Die Zeit fliegt vorbei. Kräfte lassen nach.
Lass uns erkennen: Du bist da, auch wenn wir schwach sind.
Gott, du bist da …

Ehr sei den Vater und dem Sohn und dem Heiligen Geist …
Alle: Amen.

Segen

Er nimmt den Kehrvers des Psalms noch einmal auf, ergänzt um die Segenszusage.

Gott, du bist da,
Arme nach vorne strecken
du warst da
Arme zu den Seiten ausbreiten
und du bleibst da.
beide Hände aufs Herz legen
Du bist Gott.
Arme nach oben strecken
Du segnest uns, und wir können Segen weitergeben.
Einander die Hand geben.

Alle: Amen.

QR-Code zum „Blütenweg des Trostes“
am 17. November 2024 (Seite 91)

Ein Ort der Erinnerung – Jakobs Tod und Begräbnis (1. Mose 50,1–14)

Wochenspruch

Wir alle müssen einmal vor dem Richterstuhl von Christus erscheinen. (2. Korinther 5,10)

Blütenweg des Trostes *(Ein besonderes Gebet)*

(Idee: Angelika Emmerichs; eine Skizze, die anschaulich zeigt, wie der fertige Blütenweg aussieht, finden Sie mit nebenstehendem **QR-Code, Seite 90**)

Fünf Blüten (Farben s. u.) werden wie folgt vorbereitet: a) Jeweils fünf Blütenblätter mit je 30 cm Durchmesser (mindestens); b) für jede Blüte eine gelbe, runde Mitte, auf der der zentrale Begriff (s. u.) steht; c) vier grüne Blütenstiele mit dem Satz: „Wir gehen weiter auf dem Weg mit Gott“. Sie sind die Verbindung zwischen den fünf Blüten.

Die Blüten werden während des Gebets auf dem Boden zu einem Weg gelegt. Für jeden „Blüten-Gebetsabschnitt“ wird ein Körbchen mit dem jeweiligen Symbol (s. u.) bereitgehalten. Nach dem entsprechenden Abschnitt können sich die Kinder ein Symbol herausnehmen und es mit den eigenen Gedanken still auf die Blüte legen.

<u>Übersicht Blütenfarbe, zentraler Begriff, Symbol zum Legen</u>

1. Blüte: Braun, Trost, (schwarze) Steine
2. Blüte: Dunkelrot, Hoffnung, kleine Gläser mit Teelicht (plus ein Stabfeuerzeug)
3. Blüte: Grün, Erinnerung, kleine Blüten aus Papier
4. Blüte: Blau, Vertrauen, weiße Papiertauben
5. Blüte: Gelb, Leben, kleine (kräftig-gelbe) Sonnen aus Papier oder Pappe

Gemeinsam wollen wir nun beten mit Worten, Symbolen und Gedanken. Dazu machen wir uns auf und gehen den „Blütenweg des Trostes“.

(Braune Blüte legen) Guter Gott, die Traurigkeit macht alles dunkel in mir und um mich herum. Wie ein dicker Stein liegt die Traurigkeit auf meinem Herzen. Sei du auch in dieser schweren, dunklen Zeit bei mir. Mit dir und durch dich soll es nicht dunkel bleiben.

(Dunkelrote Blüte) Guter Gott, es tut so weh, wenn ein lieber Mensch nicht mehr da ist. Bitte sei du da und sei ein Licht der Hoffnung für uns. Sei du ein Licht auf unserem Weg und lass uns ein Licht für andere sein.

(Grüne Blüte legen) Lieber Gott, schenke uns die Hoffnung, dass das Leben weiter geht. Dass es nicht aufhört, und die Erinnerung an den lieben Menschen bleibt. Wie gut, dass wir uns erinnern können, so geht nichts verloren.

(Blaue Blüte legen) Guter Gott, stärke uns in unserem Vertrauen auf ein Leben nach dem Tod. Ein Leben ohne Schmerz, Leid und Traurigkeit, sodass Frieden in unseren Herzen ist und wir ganz bei dir sind.

(Gelbe Blüte legen) Lieber Gott, lass uns verstehen, dass auch wieder Freude, Licht und Lachen in unserem Leben sein dürfen und dass du immer da bist.

24. November 2024 Ewigkeitssonntag/Totensonntag

„Wo die Toten zu Hause sind"
– Jesus erzählt von dem, was dann kommt (Johannes 14,1–6)

Wochenspruch

Haltet euch bereit und sorgt dafür, dass eure Öllampen brennen! (Lukas 12,35)

Zur Eröffnung

Wir nennen diesen Sonntag manchmal „Totensonntag", weil besonders an die Verstorbenen des Jahres gedacht wird. Ihre Namen werden gelesen. Viele Angehörige besuchen den Gottesdienst. Aber der Sonntag heißt auch „Ewigkeitssonntag". Denn wir glauben, dass eben nicht der Tod das Ende von allem ist. Der Tod ist das Ende, das wir sehen. Aber bei Gott ist das kein Ende. Das versuchen wir zu sagen mit dem Wort „Ewigkeit". Darum also: Ewigkeitssonntag.

Und so feiern wir diesen Gottesdienst im Namen Gottes, des Vaters, des Sohnes, des Heiligen Geistes.
Alle: Amen.

Eingangsgebet

Thema: Gräbergang

Gott, heute sind wir hier an diesem besonderen Ort.
Das fällt uns nicht so leicht. Nimm du unsere Gedanken auf:
Die traurigen, die ängstlichen, die unsicheren Gedanken.
Gott, schau mit uns auf die Gräber.
Du kennst die Geschichte der Menschen, die hier beerdigt sind.
Du kennst alle, die hier einen geliebten Menschen beerdigt haben.
Tröste sie, gib ihnen Kraft für die nächsten Schritte.
Geh nun mit uns hier über den Friedhof.
Alle: Amen.

Schlussgebet

Thema: Zeit und Ewigkeit – ein guter Ort

Gott, wir haben uns erinnert an Namen
und an Erlebnisse mit einem Menschen, der gestorben ist.
So ein Friedhof ist ein guter Ort für solche Erinnerungen.
Wir vertrauen darauf, dass jeder Mensch bei dir selbst einen guten Ort hat.
Wir bitten dich für uns und alle Menschen,
dass die Erde ein guter Ort für alle Lebenden ist und bleibt.
Wir bitten dich für alle Gestorbenen,
dass sie einen guten Ort in deiner Ewigkeit haben.
Alle: Amen.

Angelika Emmerichs und Brigitte Messerschmidt

„Was für ein Licht!“ – Lichtzeichen im Advent

Für die ganze Reihe

Vorüberlegungen

Kinder erleben, dass in ihrem Leben nicht alles hell und leicht ist. Die Erwartungen, die auch die Kinder an die Weihnachtszeit haben, werden immer größer. Was kann ihnen Mut machen, was bringt Licht in ihr Leben? Vielleicht gelingt es in diesen Wochen, mit den Kindern gemeinsam zu entdecken, dass Jesus das Licht der Welt ist und auch unser Leben hell macht.

Gestaltete Mitte

An den Adventssonntagen kann gemeinsam mit den Kindern ein Adventskranz aus Zweigen gelegt werden. Dazu ein rundes, violettfarbenes Tuch in die Mitte legen (Violett ist in der Adventszeit die Kirchenjahresfarbe). Darauf einen Kreis aus grünen Zweigen legen (jedes Kind legt einen oder mehrere Zweige). An jedem der Adventssonntage kommt eine weitere rote Kerze dazu.
Das Ritual wird abgeschlossen mit dem Anzünden der Kerze/n und dem gemeinsam gesprochenen Text:

Licht macht es hell in mir.
Auf sich selbst zeigen
Licht macht es hell um mich herum.
Einmal um sich selbst drehen
Jesus ist das Licht für mich. Er ist da.
Beide Hände über der Brust kreuzen.

Votum

Alle stehen im Kreis.
Wir feiern Kindergottesdienst
im Namen Gottes, der das Licht geschaffen hat,
im Namen Jesu, der das Licht der Welt ist,
im Namen des Heiligen Geistes,
der uns zum Licht für andere werden lässt.
Alle: Amen.

Themenlieder zur Reihe

- Mache dich auf und werde Licht (KG 24, KKL 111, KuS 27)
- Mein Licht geht auf und leuchtet (Rolf Krenzer/Reinhard Horn, in: WeihnachtsHits, Kontakte Musikverlag)

Psalmgebet

Alle: Jesus sagt: Ich bin das Licht der Welt.

Guter Gott, zu allen Zeiten
warst du für die Menschen da.
Wenn es ihnen gut ging, fiel es ihnen leicht,
dir zu danken und dir zuzujubeln.
Und wenn es ihnen schlecht ging,
dann haben sie manchmal daran gezweifelt, ob es dich gibt.

Alle: Jesus sagt: Ich bin das Licht der Welt.

Guter Gott, zu allen Zeiten
hast du Licht in das Leben von Menschen gebracht.
So wurden sie mutig
und sind manchmal über sich selbst hinausgewachsen.

Alle: Jesus sagt: Ich bin das Licht der Welt.

Guter Gott, zu allen Zeiten
haben Menschen auf das Licht gewartet,
das die Dunkelheit durchbricht.
Das Licht, das die Angst vertreibt und die Traurigen tröstet.
Du hast uns mit Jesus dieses Licht geschenkt.
Er ist das Licht der Welt.

Alle: Jesus sagt: Ich bin das Licht der Welt.

Ehr sei den Vater und dem Sohn und dem Heiligen Geist …
Alle: Amen.

Segen

Gott segne euch – er hat euch sein Licht geschenkt.
Gott behüte euch – er macht euren Weg hell.
Gott sei bei euch – sein Licht bringt Frieden in die Welt.
Alle: Amen.

Ein helles Licht leuchtet
– Jesaja 9,1–6 und das Licht am Adventskranz

Wochenspruch

Siehe, dein König kommt zu dir, ein Gerechter und ein Retter ist er. (Sacharja 9,9)

Eingangsgebet

Thema: Das Licht einer Kerze hilft uns beim Warten

Guter Gott, wir freuen uns,
dass wir zusammen Kindergottesdienst feiern.
Am Adventskranz brennt die erste Kerze.
Wir warten auf Weihnachten.
Wir sind gespannt, wie das Fest in diesem Jahr wird.
Wir beobachten die brennende Kerze und werden innerlich ruhig.
Dann fällt uns das Warten viel leichter.
Die Kerze am Adventskranz hilft uns, Geduld zu haben
und jetzt ganz da zu sein.
Danke Gott, dass auch du da bist.
Alle: Amen.

Schlussgebet

Thema: Gottes Licht macht es hell in uns

Gott, manchmal bin ich traurig, weil ich allein bin.
Wenn meine Eltern keine Zeit für mich haben
oder wenn meine Freundin krank ist.
Oder ich bin traurig, weil ich meine Großeltern vermisse.
Sie wohnen so weit weg und ich sehe sie nur ganz selten.
Dann ist es dunkel in mir.
Es ist gut, wenn mir jemand zuhört
oder ein Licht für mich anzündet und an mich denkt.
Wenn sich jemand Zeit für mich nimmt,
ist das, wie wenn ein Licht in mir leuchtet.
Manchmal ist das Licht nur klein und kaum zu sehen,
aber es ist trotzdem da.
Und manchmal ist es so hell wie die Sonne,
dann leuchtet es und macht alles hell.
Danke Gott, dass du es hell machst in meinem Leben.
Alle: Amen.

8. Dezember 2024 — 2. Advent

Mache dich auf und werde Licht
– Jesaja 60,1–3 und das Licht der Lucia

Wochenspruch

Ihr sollt euch aufrichten und euren Kopf heben: Eure Erlösung kommt bald! (Lukas 21,28)

Eingangsgebet

Thema: Hoffnung in der Dunkelheit

Jesus, wir feiern gemeinsam Kindergottesdienst.
Wir denken heute besonders an die Kinder,
die nicht hier sein können, weil sie krank sind.
Und wir denken an die Kinder, die etwas Trauriges erlebt haben.
Manchmal fühlt sich das so an, wie wenn es Nacht ist.
Wir warten dann, dass die Sonne wieder aufgeht und es hell wird.
Mit jeder Kerze, die wir am Adventskranz anzünden,
wird es ein wenig heller.
Lass uns dies heute ganz besonders spüren.
Alle: Amen.

Schlussgebet

Thema: Licht für andere

Mache dich auf und werde licht *(evtl. gesungen)*

Wir zünden eine Kerze an für die Freude.
Wir freuen uns, dass du unser Leben hell machst.
Wir zünden eine Kerze an für die Hoffnung.
Wir hoffen, dass dein Licht alle Menschen erreicht.
Wir zünden eine Kerze an für die Liebe.
Du hast uns gezeigt, wie wir das Leben von anderen Menschen heller machen können.
Wir wollen Licht für andere sein.
Wir danken dir, dass du das Licht der Welt bist.

Mache dich auf und werde licht *(evtl. gesungen)*

Ein Stern leuchtet den Weg
– Matthäus 2,1–9 und das Licht des Herrnhuter Sterns

Wochenspruch

Bahnt in der Wüste einen Weg für den Herrn. Seht, Gott, der Herr! Er kommt mit aller Macht. (Jesaja 40,3.10)

Eingangsgebet

Thema: Ein Licht zeigt den Weg

Gott, heute feiern wir den 3. Advent.
Es dauert nicht mehr lange bis Weihnachten.
Wir freuen uns darauf. Wir bereiten uns vor:
Wir basteln oder kaufen Geschenke.
Wir singen Lieder und hören Geschichten.
Wir backen und wir gehen in Gedanken nach Bethlehem zum Stall.
Wir sind unterwegs.

Manchmal fällt es uns schwer, den richtigen Weg zu finden.
Da ist es gut, dass es Hilfen gibt, die uns den richtigen Weg zeigen.
Manchmal sind es Menschen, die mit uns diesen Weg gehen.
Manchmal leuchtet uns auch ein Licht, das uns den Weg zeigt.
Ein Licht, das die Nacht hell macht.
Alle: Amen.

Schlussgebet

Thema: Der Stern leuchtet auch für uns

Jesus, der Stern von Bethlehem hat den Weisen den Weg gezeigt.
Sie wussten: Da wird ein König geboren.
Sie haben sich auf den langen Weg gemacht, um dich zu finden.
Danke, dass dein Stern auch für uns leuchtet.
Wir spüren: Du bist da.
Alle: Amen.

22. Dezember 2024 4. Advent

Die Klarheit des Herrn leuchtete um sie
– Lukas 2,8-14 und das Licht am Weihnachtsbaum

Wochenspruch

Freut euch immerzu, weil ihr zum Herrn gehört. Ich sage es noch einmal: Freuet euch! Der Herr ist nahe! (Philipper 4,4–5)

Eingangsgebet

Thema: Das Licht kommt in die Welt

Guter Gott, der vierte Advent ist da.
Alle Kerzen brennen am Adventskranz.
In zwei Tagen ist Heiligabend.
Dann feiern wir, dass Jesus geboren wird.
Das Licht der Welt.
Wir sagen „danke“ für das Gute, das du uns schenkst.
Du weißt auch, was uns ärgert und Angst macht.
Du bist bei uns, wenn wir jetzt gemeinsam Kindergottesdienst feiern.
Dafür danken wir dir.
Alle: Amen.

Schlussgebet

Thema: Licht für die Hirten und für uns

Guter Gott, du hast deine Engel zu den Hirten geschickt.
Die Engel erzählten den Hirten,
dass Jesus geboren wurde.
Die Hirten haben als erstes davon erfahren.
Die Nacht wird plötzlich hell für die Hirten von Bethlehem.
Auch in unserem Leben leuchtet manchmal ein Licht auf.
Wir bekommen neuen Mut und neue Hoffnung.
Wir bitten dich, lass uns dann erkennen,
dass solche Erfahrungen Geschenke von dir ist.
Wie die Hirten wollen wir dir dann ein Loblied singen.
Danke, dass dein Licht auch heute zu uns kommt.
Alle: Amen.

Das Licht der Welt ist da!
– Lukas 2,1–7 (8–14) und das Friedenslicht

Wochenspruch

Er, das Wort, wurde ein Mensch. Er lebte bei uns, und wir sahen seine Herrlichkeit. (Johannes 1,14)

Eingangsgebet

Thema: Jesus ist geboren

Guter Gott, endlich ist Weihnachten.
Wir haben lange gewartet.
Wir sind gekommen, um gemeinsam Gottesdienst zu feiern.
Kleine und Große, Kinder und Erwachsene, junge und alte Menschen.
Wir danken dir, dass Jesus geboren ist. Dass er das Licht der Welt ist.
Alle: Amen.

Schlussgebet

Thema: Gottes Licht bringt Frieden und macht Mut

Guter Gott,
die Hirten wurden ganz mutig.
Sie sind zum Stall gelaufen
und haben Jesus, Maria und Josef dort gesehen.
Sie haben geglaubt, dass Jesus auch für sie da ist.
In ihrem Leben wurde es hell.
Darüber haben sie sich so gefreut,
dass sie allen Menschen davon erzählt haben.

Guter Gott,
Jesus ist der Friedenskönig.
Lass auch uns mutig werden und kleine Friedensschritte tun.
Gib uns den Mut, für die da zu sein, die unsere Hilfe brauchen.
Gib uns den Mut, nach einem Streit zu verzeihen.
Gib uns den Mut, den anderen anzunehmen, wie er ist.
Gib uns den Mut, auf Menschen zuzugehen, die anders sind
und ihnen offen zu begegnen.
Alle: Amen.

29. Dezember 2024 1. Sonntag nach Weihnachten

Ein Licht für alle – Lukas 2,25–33 und das Licht einer (Tauf)-Kerze

Wochenspruch

Er, das Wort, wurde ein Mensch. Er lebte bei uns, und wir sahen seine Herrlichkeit. (Johannes 1,14)

Eingangsgebet

Thema: Warten

Guter Gott,
jetzt ist das Weihnachtsfest vorbei.
Darauf haben wir lange gewartet.
Hat sich unser Warten gelohnt?
Wurden unsere Erwartungen erfüllt?
Oder gibt es etwas, auf das wir immer noch warten?
Guter Gott, wir feiern heute gemeinsam Kindergottesdienst.
Wir danken dir, dass du dabei bist.
Alle: Amen.

Schlussgebet

Thema: Jesus, das Licht der Welt

Guter Gott,
Simeon hat auf die Geburt deines Sohnes gewartet.
Sein Warten hat sich gelohnt.
Er hat gewusst: Jesus ist das Licht der Welt.

Guter Gott, wir bitten dich für alle,
die auch nach Weihnachten noch auf etwas warten:
Auf Besuch von Freunden.
Darauf, wieder gesund zu werden.
Lass sie durch dein Licht Zuversicht finden.

Guter Gott, wir bitten dich für alle Menschen, die traurig sind.
Lass sie durch dein Licht wieder Hoffnung bekommen.
Guter Gott, wir bitten dich für alle Menschen, die Krieg erleben
oder vor dem Krieg fliehen.
Lass dein Friedenslicht bei ihnen leuchten.

Guter Gott, wir bitten dich für uns.
Lass dein Licht auch in unserem Leben leuchten.
Wir wollen dein Licht auch an andere weitergeben.
Dazu segne uns.

Sandra Epting

Bibelstellenregister

Stichwortregister

Auf Begriffe zum Kirchenjahr (Advent, Weihnachten, Ostern ...) wird verzichtet, da diese bei den entsprechenden „Sonntagsnamen“ des Kirchenjahres zu finden sind.

Liedverzeichnis

Abkürzungsverzeichnis

BdH	Bei dir bin ich zu Hause, Texte für die Liturgie im Gottesdienst mit Kindern, Verlag Junge Gemeinde
Dbd	Du bist da, Gebete zum Plan für den Kindergottesdienst, Verlag Junge Gemeinde
EG	Evangelisches Gesangbuch (Stammteil EG 1–535), Hannover
EG RT	Evangelisches Gesangbuch (Regionalteil EG ab 536)
EvKiki	Evangelische Kinderkirche, Verlag Junge Gemeinde
evkiki.de	Evangelische Kinderkirche digital, Verlag Junge Gemeinde
KG	Kindergesangbuch, Claudius Verlag, München
KKH	Kinder-Kirchen-Hits, Das Liederbuch für den Kinder- und Familiengottesdienst, Verlag Junge Gemeinde
KKL	Das Kirche-mit-Kinder-Liederbuch, Rhein. Verband für Kindergottsdienst (Hg.), Verlag am Birnbach 2009
KuS	Kommt und singt, Gütersloher Verlagshaus, Gütersloh 2015
LH 1/2	Liederhefte für Kirche mit Kindern, Arbeitsbereich Kinder gottesdienst, im Michaeliskloster Hildesheim, www.michaeliskloster.de
MKL 1/2	Menschenskinderlieder Band 1/Band 2, Zentrum Verkündigung der Evang. Kirche in Hessen und Nassau, Frankfurt
PKG	Plan für den Kindergottesdienst, Gesamtverband für Kindergottesdienst in der Evang. Kirche in Deutschland, Münster
VJG	Verlag Junge Gemeinde, Leinfelden-Echterdingen
Wwdl	Wo wir dich loben, wachsen neue Lieder, Strube Verlag München

Mitarbeiterinnen und Mitarbeiter

Name/Kontakt *(alphabetisch nach Nachnamen)* **Seite**

Bastian **Basse**, Iserlohner Straße 25, 58239 Schwerte,
E-Mai: bastian.basse@institut-afw.de 9
Miriam **Brandmaier**, Panoramastr 7, 72793 Pfullingen,
E-Mail: miri@ma-ka.de 59
Birgit **Brügge**, Wittenberger Straße 15, 47167 Duisburg,
E-Mail: birgit.bruegge@ekir.de. 64
Angelika **Emmerichs**, Matthias-Kempkes-Str. 44,
46509 Xanten-Vynen 89
Sandra **Epting**, Schönenberger Straße 15, 75443 Ötisheim,
E-Mail: Sandra.Epting@elkw. 93
Ines **Fetzer**, Birkenweg 3, 63477 Maintal-Dörnigheim,
E-Mail: ines.fetzer@ekkw.de 70
Markus **Grapke**, Äxtlestraße 6, 70599 Stuttgart,
E-Mail: m.grapke@kikiw.de 75
Peter **Hitzelberger**, Kantstraße 4, 74321 Bietigheim-Bissingen,
E-Mail: p.hitzelberger@gmx.de 44, 50
Matthias **Keller**, Im Lettenbuck 17, 73479 Ellwangen,
E-Mail: keller.matz@googlemail.com. 84
Hartmut **Klausfelder**, Pfarrgasse 20, 95514 Neustadt am Kulm
E-Mail: Hartmut.Klausfelder@elkb.de 35
Stefan **Mendling**, Westbahnhofstraße 4, 76829 Landau,
E-Mail: stefan.mendling@evkirchepfalz.de. 30
Brigitte **Messerschmidt**, Holzweg 108, 46509 Xanten,
E-Mail: brigitte.messerschmidt@ekir.de 89
Andrea **Petritsch**, Martin-Luther-Platz 1, A-6200 Jenbach,
E-Mail: andrea.petritsch@inode.de. 23
Katharina **Schmolke**, Am Dom 2, 39104 Magdeburg,
E-Mail: katharina.schmolke@ekmd.de 40
Frank **Widmann**, Augustinerstraße 10, 73728 Esslingen,
E-Mail: f.widmann@kikiw.de 79
Lutz **Wöhrle**, Blumenstraße 1-7, 76133 Karlsruhe,
E-Mail: lutz.woehrle@ekiba.de 13
Peter **Wolff**, Benckendorffstraße 22, 70199 Stuttgart,
E-Mail: p.wolff@ev-kirchengmeinde-heslach.de 19
Tobias **Zeeb**, Falkenstraße 16, 87600 Kaufbeuren,
E-Mail: tobias.zeeb@elkb.de 55